50 EXERCICES DE

GESTALT

Groupe Eyrolles
61, bd Saint-Germain
75240 Paris Cedex 05

www.editions-eyrolles.com

Diplômée de l'École Parisienne de Gestalt, de l'Institut d'arts visuels d'Orléans et de l'université de Lille (Arts du spectacle), Catherine Clouzard est gestalt-thérapeute passionnée par le processus créatif. Elle partage son activité professionnelle en animant des séminaires pour des groupes en institutions et entreprises. Elle accompagne des personnes individuellement sur le chemin de leur créativité. Elle développe une pratique artistique multidisciplinaire.

Avec la collaboration d'Anna Crine

Catherine Clouzard

50 EXERCICES DE GESTALT

EYROLLES

Dans la même collection :

Philippe Lebreton, *50 exercices pour développer son influence*.

Laurence Levasseur,
- *50 exercices pour gérer son stress*.
- *50 exercices pour prendre la parole en public*.
- *50 exercices pour profiter du moment présent*.

Virgile Stanislas Martin,
- *50 exercices pour pratiquer la loi d'attraction*.
- *50 exercices pour convaincre*.
- *50 exercices d'Ho'oponopono*.

Virgile Stanislas Martin et Guillaume Poupard,
50 exercices de systémique.

Sophie Mauvillé et Patrick Daniels,
50 exercices pour décrypter les gestes.

Mireille Meyer, *50 exercices d'autohypnose*.

Paul-Henri Pion, *50 exercices pour lâcher prise*.

Géraldyne Prévot-Gigant,
- *50 exercices pour développer son charisme*.
- *50 exercices pour apprendre à méditer*.
- *50 exercices pour sortir de la dépendance affective*.
- *50 exercices pour sortir du célibat*.

Jacques Regard,
- *50 exercices pour ne plus subir les autres*.
- *50 exercices pour ne plus tout remettre au lendemain*.
- *50 exercices pour retrouver le bonheur*.

Jean-Philippe Vidal, *50 exercices pour mieux communiquer avec les autres*.

Dans la même série :

Guillaume Clapeau,
- *50 exercices pour survivre aux réunions de famille*.
- *50 exercices pour se débarrasser de ses voisins*.

Émilie Devienne, *50 exercices pour rater sa thérapie*.

Philippe Noyac, *50 exercices pour terrasser ses ennemis*.

Tonnie Soprano et Billie Alto, *50 exercices pour éduquer son homme*.

Sommaire

« *Nous vivons des vies pleines dans la mesure où nous pouvons compter sur un répertoire étendu de moyens qui nous permettent de concrétiser, de symboliser ou d'exprimer nos croyances d'une façon ou d'une autre.* »

Joseph Zinker dans *Se créer par la Gestalt*.

Introduction

La Gestalt est une approche relationnelle née dans les années 1950 aux États-Unis et élaborée par Laura et Fritz Perls, psychanalystes d'origine allemande. La Gestalt a non seulement plongé ses racines dans la psychologie et la psychanalyse, mais aussi dans les sagesses orientales (notamment le zen et le tao), la philosophie (la phénoménologie et l'existentialisme entre autres), tout en étant imprégnée de créativité (ses initiateurs fréquentant beaucoup les milieux artistiques). Cette approche continue à s'enrichir de nouvelles découvertes en intégrant notamment l'apport des neurosciences.

Le terme « gestalt » provient de l'allemand *gestalten*, qui signifie « mettre en forme, donner une structure ». Il met donc en avant l'idée que toute expérience vécue subjectivement possède « une forme », aussi appelée « figure ». Elle est en mouvement et émerge du « fond » pour indiquer des besoins profonds, qu'il convient de savoir satisfaire : le travail de la Gestalt consiste à accompagner au mieux ce processus de transformation nécessaire à l'équilibre. Une observation fine, sans *a priori* ni jugement, va donc se porter sur le « comment » et l'« ici ». Elle s'intéresse au présent de l'individu. Pour ce faire, il est invité à préciser ce qui lui arrive tant au niveau de la tête, du cœur que du corps, en fonction des interactions relationnelles et environnementales. C'est une approche qui s'appuie beaucoup sur le ressenti au sens large et qui respecte la singularité de chaque individu.

Le but de ce travail d'introspection est de vous aider à prendre du recul, à vous recentrer, à mieux communiquer, à faire le point sur certains aspects de votre vie et à y effectuer quelques « ajustements créateurs », pour améliorer votre équilibre.

Cet ouvrage propose un éventail d'exercices de développement personnel inspirés de la Gestalt, que vous pouvez expérimenter seul, à votre mesure. Ils sont teintés des rencontres que j'ai faites : thérapeutes qui m'ont accompagnée, formateurs et collègues que j'ai observés travailler ou avec qui nous avons cocréé des stages. Ce livre s'adresse aux personnes déjà sensibilisées à la Gestalt ou curieuses de découvrir cette approche. C'est un ouvrage d'initiation.

En suivant progressivement les exercices rassemblés dans six parties vous apprendrez à apprivoiser le « cycle du contact », à composer avec vos résistances, à prendre conscience de votre langage corporel, de vos émotions, de vos propres représentations et valeurs pour pouvoir vous ouvrir à des changements profitables.

Les exercices sont proposés à la première personne du singulier afin d'en favoriser leur appropriation. Ils sont renouvelables aussi souvent que vous en éprouvez le besoin : les réponses que vous y trouverez changeront en fonction du contexte dans lequel vous faites l'exercice, rappelant que la vie est mouvement, avec des nuances nouvelles propres à chaque instant. La meilleure façon de les expérimenter est de respecter votre propre rythme et vos limites. Il ne s'agit pas de viser « une performance », mais bel et bien d'accueillir vos ressentis en étant aussi respectueux que possible de vous-même.

1.

Je me pose, je ralentis, j'observe et je respecte mon rythme

Cette première série d'exercices vous propose de mieux vous écouter, vous comprendre, en intégrant le cycle du contact ou cycle de la satisfaction des besoins, base de tout processus en Gestalt.

Mon objectif général

Je prends conscience du cycle du contact, des différentes étapes nécessaires entre le moment où un besoin émerge et celui où j'intègre ce qui en a découlé.

Exercice n°1. Comment me recentrer sur ce qui se passe ici et maintenant ?

Rattrapé par vos préoccupations du passé, il vous arrive de ne pas profiter pleinement de l'instant présent. Pris dans un rythme effréné, vous êtes encore absorbé par votre travail, et vous n'êtes pas vraiment « là » pour votre famille le soir. Prenez le temps d'être attentif à ce qui se passe en vous et autour de vous.

Listez les points de vigilance ci-dessous aussi souvent que possible, quel que soit le lieu ou la situation.

Je déploie mes « antennes » afin de percevoir un maximum de choses, et sentir comment elles évoluent dans la durée.

1. Qu'est-ce que je vois ? J'observe tout ce qui m'entoure : les personnes, leurs expressions, leur style, les plantes, les objets, les formes et couleurs, la lumière...

2. Qu'est-ce que j'entends ? J'ouvre mes oreilles aux voix, sons naturels, mécaniques, musique...

3. Qu'est-ce que je sens ? Je me concentre sur mon odorat : odeurs, parfums, senteurs naturelles ou artificielles...

4. Qu'est-ce que je touche ? Mes doigts entrent en contact avec ce qui m'entoure pour sentir les textures, la chaleur...

5. Quels sont mes ressentis corporels ? Je suis attentif à mon corps dans l'instant présent : tensions, douleurs, mouvements, frissons...

6. Qu'est-ce que je goûte ? Je laisse le temps à mes papilles de savourer les saveurs : sucré, salé, amer, acide, doux, fort...

7. Quel est le climat, l'ambiance du moment présent ?

8. Qu'est-ce que je ressens à ce moment précis ? Quels sont mes émotions et sentiments ?

9. Qu'est-ce que je perçois des émotions des autres ?

10. Qu'est-ce que j'imagine ? Quelles sont les images, les phrases qui me viennent ? Les paroles de chansons ? Etc.

11. Qu'est-ce que je n'avais-je pas perçu au premier abord et qui se précise ? Par exemple, si vous rentrez tard du travail, en étant attentif, vous pouvez vous rendre compte de toutes les petites choses préparées en vous attendant, ainsi que celles qui n'ont pas été faites et auxquelles vous pouvez participer pour retrouver votre famille.

Commentaire

Cet exercice s'appuie sur une notion très utilisée en Gestalt : l'awareness. *Il s'agit d'une attention soutenue flottante et généralisée : elle porte sur soi et une multitude d'informations plus ou moins subtiles sur l'« ici et maintenant ». « Ici et maintenant » est une traduction de « How and now », concept posé par les premiers gestaltistes américains. On devrait plutôt dire « ici et comment » afin de mettre davantage l'accent sur l'observation du processus.*

Au début, cet exercice peut vous sembler difficile tellement la matière à observation est multiple. Mais avec un peu d'entraînement, il se fera de plus en plus naturellement. Affiner votre awareness vous aidera à vous recentrer, à vous connecter aux informations essentielles, afin de vous ajuster au mieux.

Exercice n°2 • Comment je me sens ?

À la question « Comment ça va ? », vous avez souvent tendance à répondre de façon hâtive ou stéréotypée : « Bien merci » ou « On fait aller ». Avoir une conscience fine de comment vous vous sentez nécessite juste un peu d'attention et ouvre votre horizon.

L'exercice ne demande que quelques minutes, et avec un peu d'entraînement, quelques secondes.

Afin d'être à la fois précis et attentif, je pense à me « scanner » selon les trois dimensions suivantes : tête, cœur et corps.

1. Tête. Quelles sont mes pensées, mes représentations ? Qu'est-ce que je me dis ? Quelles sont les choses qui me préoccupent ? Y en a-t-il plusieurs ? Leur importance est-elle plus ou moins grande ? Qu'est-ce qui prend beaucoup de place dans ma tête en ce moment ?

2. Cœur. Quelles sont les émotions que je ressens ? Quelles émotions dominent ? Quelles sont celles qui sont au second plan et à l'arrière-plan ? À quoi est dû ce mélange unique que je vis en cet instant-ci ? Est-ce que je me sens bien affectivement ?

3. Corps. Comment je me sens dans mon corps ? Quelle est mon énergie sur une échelle de 0 à 10 ? Ai-je des tensions, des inconforts, des douleurs, minimes ou intenses ?

Par exemple : je peux avoir hâte que la réunion se termine, pour pouvoir retrouver mes enfants et, en même temps, la trouver intéressante. Je peux me sentir excité par ce nouveau projet, dont on vient de me parler, tout en étant contrarié du choix fait pour constituer l'équipe. Je peux avoir besoin de bouger, soif et faim, avec une énergie à 7 sur 10.

Commentaire

Être capable de vous donner à vous-même et en partie aux autres cette météo intérieure est la base nécessaire, afin de pouvoir agir en fonction des besoins réels du moment. En Gestalt, on considère chaque être humain comme un tout, avec différentes dimensions. C'est pour cela que l'on dit que c'est une approche holistique, du grec holos, le tout. Elle tient compte du fait que ces différentes dimensions (tête, cœur, corps) sont étroitement liées, qu'elles interagissent non seulement entre elles, mais aussi avec ce qui nous entoure.

Exercice n°3 • Je me sens en forme... de quoi ?

Votre expérience, quelle qu'elle soit, est singulière. À chaque instant, vous vivez quelque chose, qui n'a lieu qu'une fois sous cet aspect-là, avec toutes les composantes du moment. En prendre conscience est un point d'appui pour chercher la « forme juste » à laquelle vous aspirez.

Prenez quelques minutes pour faire cet exercice avant de vous lancer dans une nouvelle activité.

1. Je m'observe quelques secondes, et aussi spontanément que possible, je réponds à la question : « Alors, en forme ? En forme de quoi ? »

2. Je laisse venir toute réponse sans la juger : ça peut être une phrase, un geste, une image, un son... Par exemple : en forme de poire. Ou encore, un geste de la main comme si je balayais quelque chose, ou un soupir, ainsi que toutes sortes de choses plus ou moins surprenantes.

3. Après coup, je peux trouver un sens à cette forme, ou simplement la laisser continuer son chemin. Il est important de toujours avoir bien présent à l'esprit que nous vivons un processus permanent de formes en transformation : plus ou moins lentes, plus ou moins perceptibles, plus ou moins compréhensibles.

Commentaire

Cet exercice vient d'une plaisanterie partagée avec des collègues en cession de formation initiale de Gestalt praticien. À la question que j'avais lancée : « Alors en forme ? », une amie m'avait répondu « Oui », sans en dire plus. J'avais alors enchaîné pour rire : « En forme de quoi ? » Question à laquelle elle avait répondu plus précisément. Dans la foulée, nous avons joué à dire bonjour à chacun des autres stagiaires avec ces deux questions « Alors en forme ? », rapidement suivie de « En forme de quoi ? » qui ont apporté toutes sortes de réponses à la fois surprenantes et authentiques. Derrière ce côté ludique, on invite bien à préciser la « forme » : un contenu qui a du sens et qui ouvre l'accès à des « figures ».

En Gestalt, on parle de « figures » quand quelque chose de présent se précise dans l'expression du ressenti de la personne par opposition au « fond indifférencié », qui est l'ensemble des aspects présents, mais auxquels la personne ne semble pas prêter attention.

Exercice n⁴ • Comment identifier un besoin émergent ?

Naturellement, nous sommes tous soumis à une multitude de besoins : manger, dormir, se loger, avoir des relations épanouissantes... Besoins qui peuvent être différents de ceux de notre entourage. Vous seul êtes à même de reconnaître vos propres besoins, aussi est-il important que vous le fassiez aussi précisément que possible.

Afin de ne pas passer à côté de vous-même, voici une balade d'émergence qui peut durer d'un quart d'heure à une heure.

1. Sans aucun but précis autre que de m'observer en train d'observer, je me promène dans un lieu de mon choix : ma maison, en ville, dans la forêt...

2. Je soutiens mon attention par rapport à tout ce à quoi je suis sensible et aux associations d'idées qui me viennent.

3. À la fin de cette balade, je dresse la liste de tout ce qui m'a touché. Quels besoins se détachent ? Si tout converge vers la décoration, les couleurs, les matières, peut-être suis-je en train de frôler un projet esthétique ? Il se peut aussi que tout me renvoie à la nourriture, la danse, ou à des dangers...

4. Pour terminer l'exercice, j'écris quelques phrases qui commencent par « J'ai besoin... ». Par exemple : j'ai besoin de transformer la maison, j'ai besoin de revoir mon alimentation...

_ _

_ _

_ _

Commentaire

Cet exercice vous aide à reconnaître un besoin, un projet qui émerge. Cela correspond à la première étape du cycle du contact : le pré-contact. Il est primordial de bien prendre conscience de ses besoins, au fur et à mesure qu'ils émergent, afin de pouvoir commencer tout processus « d'un bon pied ».

Exercice n. 5 • Comment répondre à mon besoin émergent ?

Quand un désir émerge, quel qu'il soit, vous devez mobiliser votre énergie afin de diriger des actions vers la satisfaction de ce besoin. Vous allez donc essayer de choisir l'action la plus adaptée en fonction de chaque situation réactualisée.

Suivez les instructions ci-dessous.

1. Je note mon besoin émergent. Par exemple : j'ai besoin de me détendre.

_____

_____

2. Je me reconnais dans une des quatre tendances suivantes et je réponds au « Et si... » correspondant.

Tendance 1. Je vais droit au but, je fonce, la première idée est forcément la bonne ! Par exemple : j'allume la télévision.

Et si ce n'était pas le cas ? Et si j'essayais autre chose que ce que je connais déjà ?

_____

_____

Tendance 2. J'imagine beaucoup de choses possibles et je ne me décide pas, je remets l'action concrète à plus tard. Par exemple : je tourne en rond en me disant que je pourrais lire, regarder la télévision, je pourrais me balader, écouter de la musique, etc.

Et si j'élaguais un peu dans toute cette abondance de pistes ? Et si je prenais le temps de sentir ce qui me convient vraiment ?

_____

_____

Tendance 3. Je me dis que je ne sais pas comment faire et je n'agis pas. Par exemple : au lieu de me détendre, je fais le ménage ou j'appelle quelqu'un qui va me « pomper » mon énergie.

Et si je me disais ça juste pour ne pas agir ? Et si j'arrêtais de me dire ça pour me consacrer à ce que j'ai vraiment besoin de faire ?

_____

_____

Tendance 4. Je prends le temps de sentir ce qui me convient le mieux et je le fais.

Et si je rendais ça encore plus fluide ? Par exemple : là, j'ai simplement besoin de bouger un peu : nager ou faire du vélo. La piscine est fermée ? Je fais du vélo. Mon vélo est dégonflé ? Je le regonfle.

_____

_____

Commentaire

Cette phase de mobilisation de l'énergie est la deuxième étape du cycle du contact. Il s'agit de canaliser votre énergie et de l'orienter dans la direction la plus adaptée à la situation pour passer à l'action et satisfaire votre besoin.

Exercice n°6 • Comment vivre pleinement mon besoin ?

En réalisant ce que vous souhaitez, vous êtes censé vivre une expérience qui vous apporte entière satisfaction. Hélas, ce n'est pas toujours le cas ! Cette phase de jouissance peut être réduite ou sabotée. Peut-être que lorsque vous préparez une fête, au moment où les invités arrivent, vous êtes encore dans une telle intensité d'activité que vous ne prenez pas vraiment plaisir à être avec eux. Aussi, faites le point sur votre capacité à savourer pleinement.

Prenez un papier et un crayon.

1. Je dessine le tableau ci-dessous, puis je le remplis :

Mes expériences de contact pleinement satisfaisantes	Mes expériences de contact moyennement satisfaisantes	Mes expériences de contact pas du tout satisfaisantes

Après avoir rempli ce tableau, je constate quelle est ma tendance générale actuelle.

2. Ensuite, pour chaque cas de figure, je questionne mon processus :

• Qu'est-ce que j'ai mis ou pas en place pour accéder au plein contact ?

• Qu'est-ce que j'ai choisi ou pas ?

• Qu'est-ce que j'ai subi ou pas ?

• Qu'est-ce que j'ai évité ou pas ?

• Quelles autorisations me suis-je données ?

• À quelles limites, quels interdits me suis-je heurté ?

• Comment ai-je pris soin de moi ? Me suis-je négligé ?

• Quelles ressources ai-je utilisées, écartées ou oubliées ?

Par exemple, si je ne suis pas satisfait d'une réunion de travail qui me tenait à cœur : j'ai pris trop de notes afin d'éviter de parler. J'ai laissé la parole à un collègue arrogant et j'ai subi son côté envahissant. J'ai évité d'entrer en conflit. Je n'ai pas osé exprimer quelques suggestions que je voulais faire lors de cette réunion. Je me suis laissé rattraper par ma timidité et par peur d'être envahissant moi aussi. Je n'ai pas dit ce que j'avais sur le cœur. Je ne me suis pas appuyé sur le regard complice d'autres collègues.

Commentaire

Mieux identifier la façon précise dont on vit le plein contact, troisième étape du cycle de contact (moment d'accomplissement d'un désir), ou bien les stratégies d'échec que l'on met en place pour l'éviter, est une piste sérieuse. Cela permet de mieux assumer ses expériences, quelles qu'elles soient, et donc de s'épanouir pleinement.

Exercice n° 7 • Une fois le besoin satisfait, comment l'intégrer ?

Même vos plus belles expériences ne durent pas éternellement... Après une fête extraordinaire, longuement préparée, et vécue dans une grande joie, vous pouvez avoir du mal à revenir à « la vie ordinaire ». Cependant, toute expérience si riche soit-elle ne peut vous « nourrir » durablement que si vous laissez le cycle du contact se dérouler naturellement jusqu'à son terme.

Prenez une feuille et un crayon.

1. Je choisis une expérience de contact que je considère comme très satisfaisante. Par exemple : mon dernier week-end en amoureux, un dîner entre amis, un entretien professionnel, etc.

2. Je réponds par écrit aux quatre questions suivantes.

• Est-ce que je m'accorde, j'accepte de vivre un temps plus ou moins long et ennuyeux de retrait ? C'est-à-dire un temps de pause, de repos, qui peut être marqué par du désintérêt, de la lassitude, du vide.

• Est-ce que j'ai tendance à m'éterniser dans cette phase de retrait ? Est-ce que je mets vraiment beaucoup de temps avant de m'intéresser à quelque chose d'équivalent ?

_____

_____

_____

• Est-ce que j'enchaîne tout de suite avec une activité similaire ? Par exemple : dès que j'ai fini de passer du temps avec un ami, j'en appelle un autre.

_____

_____

_____

Si ce n'est pas le cas, comment pourrais-je m'accorder juste le temps nécessaire de retrait ? Par exemple : après avoir eu des échanges riches avec un ami, je pourrais prendre le temps de sentir les résonances en moi.

_____

_____

_____

Commentaire

Après une expérience, si magnifique soit-elle, il est tout à fait naturel et nécessaire que l'intérêt et l'excitation retombent : c'est ce que l'on nomme phase de retrait dans le cycle du contact. Cette étape-là, la dernière, est un temps de repos et de « digestion » qui permet d'assimiler l'expérience de façon bénéfique. Vous êtes ensuite prêt pour un nouveau cycle.

Exercice n° 8 • Comment évaluer si mon cycle du contact est complet ?

Quand vous vivez une expérience, quelle qu'elle soit et quelle que soit sa durée, vous passez par différentes étapes entre le moment où le projet apparaît, et celui où il est réalisé, fini et intégré. Si vous négligez certaines étapes, ou si vous vous éternisez dans d'autres, l'expérience n'est pas complète, pas satisfaisante, et vous vivez une « situation inachevée ». Prenez le temps de faire le point.

✎ Prenez une feuille et un crayon.

Répondez aux questions suivantes correspondant à chaque étape du cycle de contact.

1. Précontact

Comment ai-je éprouvé le besoin de ... ? _ _ _ _ _ _ _ _ _ _ _ _ _ _ _ _ _

Comment l'ai-je ressenti, accueilli ?_ _ _ _ _ _ _ _ _ _ _ _ _ _ _ _ _ _ _ _

Comment ça s'est précisé ? _

2. Mobilisation

Comment ai-je vécu de l'excitation ? _ _ _ _ _ _ _ _ _ _ _ _ _ _ _ _ _ _ _

Quelles pistes ai-je envisagées ? _ _ _ _ _ _ _ _ _ _ _ _ _ _ _ _ _ _ _

Comment ai-je orienté mon action ? _ _ _ _ _ _ _ _ _ _ _ _ _ _ _ _ _ _

Comment ai-je choisi ? Ai-je vraiment choisi ?_ _ _ _ _ _ _ _ _ _ _ _ _ _ _

3. Plein contact

Quel a été le point culminant de cette expérience ?_ _ _ _ _ _ _ _ _ _ _ _ _

L'ai-je vécue pleinement ?_ _

4. Retrait

Comment ai-je terminé cette expérience ?_ _ _ _ _ _ _ _ _ _ _ _ _ _ _

Avec quels sentiments ?_ _

Ai-je eu un temps d'assimilation de cette expérience ? _ _ _ _ _ _ _ _ _ _

Me suis-je accordé du vide ? _

Commentaire

À chaque instant, nous sommes lancés dans différents cycles du contact simultanés avec des enjeux différents. Certains cycles ne durent que quelques secondes, comme s'ajuster par rapport à un rayon de soleil éblouissant. D'autres durent toute notre vie ou presque, comme se former et exercer une activité professionnelle.

Le cycle du contact, ou cycle de l'expérience, est une notion essentielle en Gestalt : la présence de chaque étape et la fluidité avec lesquelles les étapes se suivent, ni trop vite, ni trop lentement, sont les signes d'une expérience équilibrée.

Exercice n° 9 • Comment repérer les situations inachevées ?

Parmi la somme d'expériences vécues depuis votre plus tendre enfance, il subsiste des zones plus ou moins sensibles d'insatisfaction, pour certaines répétitives, par exemple un chômage chronique, un rapport difficile à la nourriture, des migraines récurrentes, etc. En les repérant, vous vous donnez une opportunité de travailler sur vous-même et la possibilité de sortir de certains blocages.

Prenez une feuille et un crayon.

Je fais la liste des dix choses qui sont difficiles pour moi actuellement, puis je réponds aux questions suivantes.

- –
- –
- –
- –

1. Parmi ma liste, y a-t-il des choses difficiles depuis toujours ?

– –

2. Y a-t-il des choses difficiles depuis mon enfance ?

– –

3. Y a-t-il des choses difficiles depuis mon adolescence ?

– –

4. Y a-t-il des choses difficiles depuis que je vis en couple ?

_____

5. Y a-t-il des choses difficiles depuis que j'ai des enfants ?

_____

6. Y a-t-il des choses difficiles depuis un événement particulier ?

_____

7. Y a-t-il des choses difficiles depuis quelques mois, quelques semaines, ou quelques jours ?

_____

8. Y a-t-il des choses difficiles qui reviennent souvent ? De temps en temps ? À quelle fréquence et dans quelles circonstances ?

_____

Commentaire

En Gestalt, une situation inachevée est une situation insatisfaisante qui a marqué, laissé une trace, comme un faux pli. Malgré soi, à chaque occasion ressemblant à la situation d'origine, on a tendance à provoquer, reproduire quelque chose qui fait revivre le même type d'insatisfaction.

« Clore des Gestalts », c'est-à-dire des situations inachevées, à tout le moins les laisser suffisamment ouvertes pour leur permettre d'évoluer, est un gage d'équilibre et de bonne santé.

Exercice n10 • J'apprivoise le vide

Dans votre vie chargée et mouvementée, il se peut que vous accordiez peu de place au vide, voire que vous l'évitiez. Pourtant ces temps de vacuité contribuent à votre processus de développement, et il est important que vous leur laissiez une place suffisante.

Choisissez un endroit calme où vous êtes sûr de ne pas être dérangé pendant au moins vingt minutes.

1. Je m'assois confortablement, et je prends le temps de me concentrer sur ma respiration afin que mon corps se détende.

2. Je me lance dans une méditation. Pour cela, je choisis un aspect de ma vie dans lequel j'éprouve un sentiment de vide. Je prends le temps d'explorer mes sensations, mes images, mes émotions liées à ce vide.

3. Toujours calmement, je me concentre sur mon ressenti corporel. Où puis-je situer ce vide dans mon corps ?

4. Pour finir, je peux faire un croquis ou écrire quelques phrases à l'image de ce que je ressens.

Commentaire

En Gestalt, on emploie le terme de « vide fertile » pour parler de cette phase où apparemment il ne se passe rien, en tout cas rien de gratifiant sur le moment, et qui pourtant va permettre de faire place nette pour laisser émerger quelque chose de nouveau et vivant. Bien identifier votre vide vous aide à le supporter, à le traverser. Plus vous l'accueillez, moins vous gaspillez d'énergie à lutter contre.

2
.

Je cherche à mieux comprendre mes résistances

Maintenant que vous observez mieux chacune des étapes du cycle de contact, vous avez probablement aussi pris conscience de certains de vos blocages, de situations d'insatisfaction qui se répètent. Reconnaître ces mécanismes de défense que vous mettez en place est une étape nécessaire afin de vous en libérer.

Mon objectif principal

Je prends conscience de mes résistances, de leur utilité et des blocages qu'elles provoquent.

Exercice n° 11 • Ai-je tendance à ne pas oser m'exprimer dans certaines situations ?

Parmi toutes les choses que vous avez envie de faire ou de dire, il vous arrive probablement d'en « ravaler » certaines. Parfois c'est préférable : si vous avez envie d'étrangler votre patron, mieux vaut ne pas le faire, pour un certain nombre de bonnes raisons ! En revanche, en d'autres circonstances, c'est regrettable : si vous n'osez pas affirmer le choix d'un métier pour lequel vous avez une vraie vocation, vous pouvez vous ennuyer longtemps. Aussi est-il précieux de cerner quand et comment vous évitez de vous exprimer au point de retourner la situation contre vous.

Répondez précisément par écrit aux questions suivantes.

Parmi les différentes possibilités, quelles sont celles que j'utilise, où et dans quelles circonstances ?

☐ J'évite le contact au moment de passer à l'action. Par exemple : je ne dis pas mon mécontentement au commerçant qui m'a vendu un article défectueux ou je n'envoie pas la déclaration d'amour enflammée que j'ai écrite.

☐ Je me fais à moi-même ce que j'aurais aimé faire à un autre. Par exemple : je me cogne ou je m'offre des fleurs.

☐ Je me fais à moi-même ce que j'aurais aimé qu'un autre me fasse. Par exemple : je me caresse.

1. Dans quelles situations ai-je agi ainsi ?

_____

_____

_____

2. Parmi ces situations, quand cela s'est-il avéré un avantage ou qu'est-ce que ça m'a permis de faire ? Par exemple : ça me laisse le temps de vérifier mes sentiments.

_____

_____

_____

3. Parmi ces situations, quand cela m'a-t-il desservi ou qu'est-ce que ça m'a empêché de faire ? Par exemple : le principal intéressé ne sait pas que je l'aime.

_____

_____

_____

4. Est-ce que je considère que j'agis ainsi peu, moyennement ou beaucoup ?

_____

_____

_____

Commentaire

Ce mécanisme de défense qui rompt le cycle de contact se nomme la rétroflexion. C'est quand l'élan que l'on sent émerger pour aller vers ce que l'on désire (positif ou négatif) est comme replié, retourné vers soi-même. Au lieu de l'exprimer ou de le déployer, on le tait, on l'oublie ou on le réduit. On retourne en soi ce qu'on ne peut exprimer à l'extérieur.

Exercice n°12 • Est-ce que je suis en train de me faire un film ?

Dans toutes sortes de situations, vous passez votre temps à projeter des choses sur les autres et sur ce qui vous entoure. Autant il est précieux d'explorer votre imaginaire, autant il est important de ne pas confondre vos illusions avec la réalité.

Répondez précisément par écrit aux questions suivantes.

Parmi les différentes possibilités, quelles sont les formes de projections que j'utilise, où et dans quelles circonstances ?

☐ Je prête des sentiments ou intentions à certaines personnes. Par exemple : la boulangère ne m'aime pas.

☐ Je prête des sentiments ou des intentions à des animaux, des objets. Par exemple : ma brosse à dents est fatiguée.

☐ Certains lieux m'inspirent des émotions. Par exemple : je pleure quand j'entre au Louvre.

☐ Je m'identifie à des personnages dans des romans ou des films. Par exemple : je suis certainement la réincarnation de Etty Hillesum.

☐ Je plonge facilement dans des images et j'invente des histoires en les regardant. Par exemple : quand je reçois une carte postale, je pars facilement en vacances rien que par imagination.

☐ Quand je croise des inconnus j'imagine leur vie. Par exemple : à la terrasse d'un café ou dans le métro, je vois grouiller des histoires.

1. Dans quelles situations ai-je agi ainsi ?

_____

_____

_____

2. Parmi ces situations, quand cela s'est-il avéré un avantage ou qu'est-ce que ça m'a permis de faire ? Par exemple : ça me facilite des discussions avec toutes sortes de gens, ça développe mon imagination.

_____

_____

_____

3. Parmi ces situations, quand cela m'a-t-il desservi ou qu'est-ce que ça m'a empêché de faire ? Par exemple : j'ai des déboires en amitiés ou en amour, je vis de nombreux malentendus.

_____

_____

_____

4. Ai-je conscience de projeter rarement, de temps en temps ou souvent ?

_____

_____

_____

Commentaire

Autre mécanisme de résistance, la projection peut être à double tranchant. D'un côté, le fait de projeter permet de faire des liens avec autrui, d'un autre côté, la projection peut couper la relation, faire obstacle au contact réel, si la personne qui projette se complaît dans le « film » qu'elle se fait toute seule, par le biais de son imaginaire, sans se soucier de ce que vit l'autre dans sa réalité propre. De plus, elle risque de croire que les autres sont responsables de quelque chose qui lui incombe.

Exercice n°13 • Que dit cette image de moi ?

À chaque fois que vous voyez une image, dans un livre, sur une affiche, une carte postale, vous avez une tendance naturelle à y projeter des choses en lien avec vos préoccupations. En voyant une photo de la mer, cela peut vous renvoyer à votre envie de voyager ou au contraire votre peur de vous noyer. Utiliser une image qui vous parle vous aidera à vous retrouver et à mieux connaître vos aspirations.

Installez-vous dans un endroit calme et choisissez une image qui vous parle.

1. Je me mets à la place de l'image en disant « Je suis... ». Je développe le plus possible tout ce qui me vient spontanément.

Par exemple face à une image de la mer : je suis une vague en mouvement. Je suis bleue avec de nombreuses nuances. Je suis infinie. Je suis naturelle. Je suis fluide. Je suis salée. Etc.

2. Qu'ai-je dit, au sujet de cette image, qui en fait parle de moi, de mon univers, de mes croyances, de mes préoccupations ?

Par exemple : j'ai besoin de bouger, d'élargir mon horizon, de prendre le large professionnellement. Je me sens assez libre. J'ai conscience d'avoir du potentiel. Etc.

Commentaire

Cet exercice vous permet de prendre conscience d'une partie de vos projections et de les intégrer de manière créative. Ce que vous attribuez à des images extérieures et qui, en fait, correspond à votre état intérieur, vos représentations, vos préoccupations personnelles, etc., vous donne des indications « sur mesure ».

Exercice n°14 • Est-ce que j'écoute mes propres désirs ou ceux des autres pour vivre ma vie ?

Il peut vous arriver de vous fondre dans un désir collectif, que cela vous convienne ou non (fêter le Nouvel An par exemple) ou, au contraire, vous pouvez vous opposer à une volonté de groupe, à tort ou à raison (refuser d'aller à la plage au mois d'août). En y regardant de plus près, vous naviguez librement entre désirs partagés et désirs qui diffèrent. Mais est-ce vraiment le cas ?

Parmi les différentes possibilités, quelles sont les situations où je fais passer l'avis d'un groupe avant le mien, dans lesquelles je me reconnais, où et dans quelles circonstances ?

☐ Je fais comme on a toujours fait dans ma famille.

☐ Je fais souvent exactement ce que l'on attend de moi au travail.

☐ Je respecte beaucoup de traditions et je m'y conforme.

☐ Je privilégie les activités en groupe.

☐ Je suis le mouvement général.

1. Dans quelles situations ai-je privilégié l'avis d'un groupe avant le mien ?

_____

_____

_____

2. Parmi ces situations, quand cela s'est-il avéré un avantage ou qu'est-ce que ça m'a permis de faire ? Par exemple : je bénéficie d'une solidarité certaine. Je ressens une force commune.

_____

_____

_____

3. Parmi ces situations, quand cela m'a-t-il desservi ou qu'est-ce que ça m'a empêché de faire ? Par exemple : je manque de temps pour me poser et me retrouver. Je perds mon identité.

_____

_____

_____

4. Ai-je conscience de suivre l'avis collectif rarement, de temps en temps ou souvent ?

_____

_____

_____

Commentaire

Autre mécanisme de résistance, la confluence est également à double tranchant : elle permet un sentiment d'appartenance à différents groupes, l'adhésion à certaines valeurs. Ainsi, on peut être confluent avec des collègues qui partagent une même passion pour un secteur d'activité. La confluence excessive peut enfermer dans le carcan d'un modèle qui n'est pas ajusté à la personne. Il est alors plus judicieux d'assumer une rupture de confluence, c'est-à-dire accepter de se différencier, pour mieux se respecter : par exemple, on peut appartenir à une famille où l'on est alcoolique de père en fils, et souhaiter s'écarter de toute forme d'addiction.

Exercice n°15 • Est-ce que j'ai tendance à éviter certaines situations ?

Il vous est déjà certainement arrivé de vous « tromper de destinataire », que ce soit dans l'envoi d'un e-mail ou à l'égard d'une personne à qui vous adressez votre colère ou votre affection. Si dans certains cas, cela peut sembler un avantage, en vous protégeant, dans d'autres cas, cela peut relever du sabotage, en évitant sans cesse de vous confronter à ce que vous devez faire. Avez-vous tendance à faire dévier votre besoin de sa cible première ?

Répondez précisément par écrit aux questions suivantes.

Parmi les différentes possibilités, quelles sont les situations d'évitement dans lesquelles je me reconnais, où et dans quelles circonstances ?

☐ Ce qui m'est adressé passe comme à côté de moi sans m'atteindre. Par exemple : je fais comme si ce sourire n'était pas destiné à moi, mais à mon voisin.

☐ Je passe à côté de la cible que je visais initialement et j'atteins autre chose à la place. Par exemple : au lieu de me disputer avec mon patron, qui m'énerve depuis un moment, je crie sur mes enfants en rentrant.

☐ Je me rends très occupé pour éviter de faire quelque chose qui ne me plaît pas. Par exemple : pour ne pas aller à une soirée ennuyeuse, je m'impose une multitude de choses à faire à la place.

1. Dans quelles situations ai-je utilisé cette stratégie d'évitement ?

_____

_____

_____

2. Parmi ces situations, quand cela s'est-il avéré un avantage ou qu'est-ce que ça m'a permis de faire ? Par exemple : je suis perçu comme l'employé modèle. J'évite les conflits.

_____

_____

_____

3. Parmi ces situations, quand cela m'a-t-il desservi ou qu'est-ce que ça m'a empêché de faire ? Par exemple : ma famille souffre de mon agressivité mal placée à son égard. Je ne me fais pas entendre.

_____

_____

_____

4. Est-ce que j'ai conscience d'éviter certaines situations rarement, de temps en temps ou souvent ?

_____

_____

_____

Commentaire

Autre mécanisme de résistance, la déflexion est une forme d'évitement qui a ses avantages et ses inconvénients. On peut éviter pour se protéger ou préserver quelqu'un, tout comme on peut éviter en se privant de quelque chose de plus ou moins précieux pour soi. On peut éviter de « recevoir » tout comme on peut « éviter » de donner ou d'atteindre son but.

Exercice n 16 • Qu'ai-je avalé tout rond qui ne me convienne pas ?

Pour vous construire, vous vous êtes conformé à un certain nombre de règles vous convenant plus ou moins. Le tout est maintenant de savoir si vous tenez pour acceptables les idées et les principes que l'on vous avance aujourd'hui, même si cela vous éloigne de vos vrais besoins. Mieux vaut vérifier que telle ou telle incitation vous convient avant de l'accepter.

Répondez aux questions suivantes.

1. Je note tous les messages que j'ai entendus ou lus et qui me touchent. Pour m'aider, je passe en revue différents domaines de ma vie : famille, couple, amis, travail, culture, loisirs, argent, religion, alimentation, sexualité, nature, tenue vestimentaire...

_____

_____

_____

_____

_____

_____

2. Dans chaque domaine que j'ai envie d'explorer, je me demande :

• Quel message ai-je reçu ?

• Est-ce que je suis d'accord avec, pas du tout ou dans quelle mesure seulement ?

• Qu'est-ce que j'ai fait de ce message jusqu'alors ?

• Si je m'écoute et me respecte vraiment, qu'est-ce que je choisis de plus authentique pour moi ?

_____

_____

_____

_____

_____

_____   _____

Par exemple « Une femme doit porter des chaussures à talons hauts » : j'ai essayé, je me tords les pieds et ça me fait mal au dos. Au lieu de me sentir sexy, je me sens cruche et je me fais mal. Donc je ne prends plus ! Non merci, pas de talons aiguilles pour moi ! Les autres font ce qu'elles veulent !

« Un homme ne doit pas pleurer » : si je me contiens trop, ça me coupe de ce que je ressens, et les autres pensent que je suis insensible et froid alors que c'est tout le contraire. Du coup, je me sens encore plus triste. Donc je pleure si je veux, quand ça me semble juste de le faire !

45

L'introjection est une autre forme de résistance. Votre éducation s'est construite en grande partie grâce à des introjections : vos parents, votre entourage au sens large, vous ont dicté une somme de comportements censés vous garantir une sécurité et un confort de base, tels qu'« Il faut regarder à droite et à gauche avant de traverser ». Vous avez accepté aisément ce genre de messages, vous semblant utiles, et plus difficilement d'autres, comme « Passe ton bac d'abord », « C'est dangereux de faire des enfants après quarante ans ! », etc.

Dans votre vie actuelle, vous continuez à recevoir des introjects quotidiennement : « Plus que quelques semaines pour être belle en maillot ! », « Mangez cinq fruits et légumes par jour ! », « Rencontrez des célibataires dans votre région ! ». Vos expériences propres, tant qu'elles sont vécues en conscience, vous invitent naturellement à valider certains introjects et à en remettre en question un certain nombre.

Exercice n° 17 • Je fais le point sur mes résistances

En fonction de votre histoire et des expériences que vous avez accumulées jusqu'alors, vous avez dû mettre en place un certain nombre de résistances. Mieux prendre conscience de la façon dont vous utilisez vos propres résistances au contact peut vous aider à renforcer vos défenses et aussi à vous ouvrir davantage quand ces défenses ne sont pas adéquates.

Faites le point en remplissant le tableau ci-dessous aussi précisément et concrètement que possible.

	Dans quelles circonstances ai-je conscience d'utiliser cette résistance ? Comment, concrètement ?	En quoi cela m'est-il utile ?	En quoi cela me dessert-il ?	Cette résistance me semble-t-elle appropriée ou non ?	Si je souhaite changer, je vais plutôt essayer de...
Rétroflexion					
Projection					
Confluence					
Déflexion					
Introjection					

Commentaire

Les résistances au contact sont des stratégies d'évitement que nous mettons en place afin de ne pas obtenir trop rapidement, voire pas du tout ce que nous désirons. Une résistance en soi n'est ni bonne ni mauvaise : elle peut protéger judicieusement. Mais, elle peut empêcher d'accéder à la satisfaction de son désir. C'est pourquoi, en Gestalt, nous ne travaillons pas contre les résistances, mais bel et bien avec, afin d'intégrer les messages liés à ces résistances, et de veiller à ce qu'elles ne vous empêchent pas de vous développer.

3
.

Je suis à l'écoute de mon corps

Nous sommes notre corps. Nous pouvons l'aimer, le détester, il peut être source de tension, de plaisir... toutes sortes de sensations que le monde moderne peut nous pousser à ignorer. La Gestalt va vous aider à mieux comprendre ce qui se passe dans votre corps. En étant attentif à vos sensations, postures, gestes, à tous les signes révélateurs de votre expression corporelle, votre corps devient votre allié et vous allez peu à peu le reconnecter à vos émotions. Écoutez-le parler !

Mon objectif principal

Je prends davantage conscience de mon langage non verbal et je l'interroge.

Exercice n°18 • Je suis mon corps

Dans notre culture, le corps est souvent malmené, oublié ou contraint par des modèles stéréotypés. Que vous cherchiez à être un « pur esprit », à ressembler à un « top modèle » ou à un sportif de haut niveau, à chaque instant, votre corps est là pour vous rappeler qui vous êtes vraiment, avec vos propres limites et possibilités. Prenez conscience de votre propre dimension corporelle.

Allongez-vous dans un endroit tranquille où vous êtes sûr de ne pas être dérangé pendant une vingtaine de minutes.

1. Je ferme les yeux et j'observe mes sensations corporelles des pieds à la tête, à mon propre rythme. J'observe ma respiration, sans chercher à la modifier. Comment sont mes points d'appui ? Ai-je des tensions, des douleurs, ... ?

2. Pour chaque sensation, je fais correspondre une phrase qui commence par « Je suis en train de... », sans jugement, quelles que soient les sensations, des plus infimes aux plus intenses. Par exemple, si j'ai une raideur dans le cou : je suis en train de raidir mon cou. Si j'ai le ventre qui gargouille : je suis en train de faire gargouiller mon ventre, etc.

3. Si je perçois peu de sensations corporelles, je me demande comment est ce « peu » que je perçois. Par exemple : je suis en train de faire vibrer ma paupière gauche.

4. Si je ne perçois pas de sensations, je peux aussi le conscientiser. Par exemple : je suis en train d'être coupé de mes sensations corporelles, ou toute autre phrase du même style.

Commentaire

Cet exercice est inspiré de James Kepner qui a écrit Le corps retrouvé en psychothérapie. *Cet auteur démontre comment une meilleure conscience corporelle aide à être « un moi incarné ». Avec une pratique régulière, vous réussirez à renouveler l'expérience n'importe où afin d'être mieux ancré dans l'instant présent.*

Exercice n°19 • J'écoute mon corps

Votre corps a conservé, depuis votre naissance, des mémoires, des traces d'événements, de tensions, de conflits, pas complètement « digérés ». Prenez le temps de prendre conscience des messages inscrits et émis par votre corps.

> Préparez une grande feuille blanche et des crayons de couleur. Prévoyez d'être au calme pendant trente minutes.

1. Je m'allonge confortablement, je ferme les yeux, j'observe ma respiration sans chercher à la modifier. Je passe lentement en revue toutes les parties de mon corps, depuis la pointe des pieds jusqu'au sommet de mon crâne, comme si j'étais un lutin qui se promène et observe chaque détail. Pour finir, j'essaie d'avoir une vue d'ensemble, comme si le lutin volait au-dessus de moi. Je prends conscience de mes points d'appui et de l'espace autour de moi. J'observe à nouveau ma respiration. Je rouvre les yeux.

2. Je dessine aussi spontanément que possible l'image que je me fais de mon corps, en utilisant les formes et les couleurs qui me conviennent le mieux. Ma représentation peut être abstraite, figurative, entre les deux, plus ou moins esthétique, ... Peu importe. L'important est de restituer aussi fidèlement que possible ce que j'ai perçu.

3. Une fois le dessin terminé, je le fais parler en disant « Je... » du point de vue de chaque détail. Par exemple, si j'ai mis des rayons jaunes quelque part : je rayonne. Si j'ai dessiné des courbes qui me font penser à des racines : je suis enraciné.

Commentaire

Certaines perceptions corporelles peuvent être enfouies, refoulées, minimisées durant un temps et refaire surface, par exemple à des dates anniversaires ou suite à un événement qui en rappelle un autre. Il s'agit vraisemblablement d'une situation inachevée qui se manifeste, et c'est une opportunité de travailler dessus. Pratiquer cet exercice régulièrement vous permettra de garder le contact avec votre corps et de faire le point sur vous-même. En conservant vos précédents dessins, vous pourrez également prendre conscience de vos avancées et de ce que vous avez envie de changer plus précisément.

Exercice n°20 • Ma posture révèle comment je me sens

Votre posture corporelle exprime souvent votre état psychologique du moment. Un inconfort dans votre vie a de grandes chances de s'inscrire physiquement. Et si vous améliorez votre posture corporelle, en conscience, vous avez des chances d'améliorer certains aspects de votre vie. Voici comment prendre conscience de votre posture afin de la modifier si nécessaire.

Placez-vous devant un miroir de manière à vous voir en entier. Vous pouvez également vous filmer.

ASPIRINE

1. Je me tiens aussi naturellement que possible face au miroir ou à la caméra.

2. Je décris à voix haute comment je me perçois, sans jugement. Par exemple : je me vois bien ancré dans le sol.

3. Je me tiens ensuite de profil par rapport au miroir et je continue à commenter. Par exemple : je suis voûté ou j'ai les bras raides.

4. Je prends le temps de bien ressentir ma posture : ce qui me convient et ce qui me convient moins.

5. J'essaie de modifier une chose. Par exemple : si j'ai les bras crispés, j'essaie de les détendre et je prends le temps de sentir comment c'est pour moi. Qu'est-ce que ça pourrait changer dans ma vie si je détendais mes bras ?

Commentaire

Le travail de conscientisation de la posture peut faire penser au yoga. En effet la Gestalt s'est en partie inspirée de différentes sagesses et pratiques orientales allant dans le sens de la recherche d'équilibre. Cet exercice a pour but de vous faire prendre conscience de vos manifestations corporelles révélatrices d'un processus en cours, auquel vous avez la possibilité d'être attentif.

Exercice n°21 • Ce que mes mains savent de moi

À certains moments, il se peut que vous tourniez en rond, au point de ne plus savoir ce qui vous préoccupe réellement. Si vous manipulez librement de la matière, elle peut prendre des formes qui ressemblent à vos préoccupations. Laissez vos mains s'exprimer pour savoir ce qu'elles disent de vous.

1. Je ferme les yeux et je les garde fermés durant le modelage.

2. Je prends la boule de terre entre mes mains, sans aucune intention autre que de sentir son contact. Je laisse mes doigts jouer avec la terre comme ils l'entendent : appuyer, creuser, tordre, pincer, arracher, enrouler, aplatir, lisser, etc. Quand j'estime que j'ai fini, j'ouvre les yeux. Je découvre la forme que mon improvisation a prise.

3. À quoi ça ressemble ? À quoi ça me fait penser ? Quel titre je lui donne ? Qu'est-ce que ça dit de moi et de mes préoccupations ? Par exemple, si j'ai fait un cœur, ça peut venir confirmer que je suis rattrapé par des considérations affectives.

4. Est-ce que j'ai envie de transformer ce que j'ai fait ? Si oui, je peux le faire. Éventuellement, je peux utiliser des outils. Je m'exprime librement.

Commentaire

Le langage des mains fait partie de notre langage non verbal, qui représente 55 % de nos moyens de communication. Ce que vos mains disent, et qui vous échappe la plupart du temps, est un espace où le sens vous devance. Le modelage, la sculpture, le dessin, la danse, etc., offrent des opportunités d'accueillir et d'exprimer une part de votre langage.

Exercice n°22 • Que me disent mes douleurs ?

Ponctuellement, chroniquement ou durablement, il vous arrive de souffrir physiquement : il peut s'agir d'aigreurs d'estomac, d'une tendinite, de migraine... Vous pouvez les vivre comme un léger inconfort, ou comme un handicap plus ou moins lourd. Quelle que soit votre douleur, vous avez intérêt à maintenir le dialogue avec elle. Cela vous permet de clarifier les messages que vous envoyez et recevez grâce à votre corps.

À pratiquer dès que vous avez mal quelque part.

1. Je m'assieds confortablement ou m'allonge. Lentement, j'observe ma respiration telle qu'elle est, sans la changer. Je prends conscience du contact de mon corps avec mon siège, le lit ou le sol. Je perçois la ou les zones de tensions, douloureuses ou inconfortables.

2. Où ai-je mal ?

3. Quelle est l'intensité de ma douleur sur une échelle de 1 à 10 ?

4. Que puis-je dire à cette douleur ? Je commence mes phrases par « Tu ». Par exemple : tu m'empêches de bouger comme je voudrais, tu m'empêches de travailler, etc.

5. Ensuite, je me mets à la place de ma douleur et je lui fais dire ce qu'elle a à me dire à moi, en commençant les phrases par « Je ». Par exemple : j'ai besoin d'air, je chauffe, je gonfle, ou tout ce qui peut venir d'attendu ou de plus incongru.

6. Si certaines émotions arrivent avec certaines phrases, je les laisse venir et je les traverse.

7. Finalement que m'apprend ce dialogue avec ma douleur ? J'en prends note.

Commentaire

Ce que l'on n'a pas pu exprimer par des mots, des gestes, des actions appropriées à un moment donné, s'exprime plus ou moins lisiblement par le corps. Si les premiers messages du corps ne sont pas entendus, ce dernier risque de surenchérir en créant une maladie ou en provoquant un accident. Aussi vaut-il mieux repérer vos somatisations et les traiter !

Exercice n°23 • Je dessine ma douleur et sa guérison

Si vous avez tendance à considérer la douleur comme une fatalité, voire comme une vertu, vous acceptez passivement de la subir. Pourtant, en exprimant votre douleur, quelle qu'elle soit, vous trouverez plus naturellement un chemin vers votre guérison.

Préparez deux feuilles et des crayons de couleur.

1. Sur la première feuille, je dessine ma douleur, ma maladie, telle que je me la représente, avec un graphisme, des symboles qui me parlent, même s'ils peuvent sembler insolites.

2. Ensuite, je prends le temps de commenter ce dessin. Je peux aussi écrire quelques mots dessus ou au dos de la feuille.

3. Sur la deuxième feuille, je dessine ma guérison, au moins la guérison finale. Si je veux, je peux dessiner les étapes intermédiaires, comme une bande dessinée. Par exemple, si j'ai une verrue, je peux faire un cercle qui change de couleur et qui se réduit progressivement.

4. Je commente ce deuxième dessin, je peux écrire quelques mots dessus.

5. Je l'accroche à un endroit où je pourrai le voir quotidiennement.

Commentaire

Dessiner sa maladie aide à l'exprimer. Préciser, concrétiser à travers une image votre guérison rend cette dernière plus tangible et peut ouvrir un cercle vertueux : pendant que l'esprit est occupé à visualiser quelque chose de bon pour le corps, il se dégage des pensées négatives. Le fait de visualiser votre guérison lui permet déjà d'exister en tant que possibilité et lui donne plus de chances de survenir.

Exercice n°24 • Que révèle ma façon de manger ?

Que vous mangiez lentement, vite, sautiez des repas, ayez des heures de repas très précises, mangiez plutôt équilibré, ou de préférence des « crasses », ... en dit long sur votre rapport à la vie en général ! Prenez le temps de vous observer à table.

Suivez les instructions ci-dessous.

1. Le temps d'un déjeuner ou d'un dîner, et sans rien changer à mes habitudes, je m'observe en répondant aux questions suivantes :

• Comment j'anticipe et comment je prépare le repas ? Par exemple : je vais au marché et je cuisine en revenant.

_____

_____

• Quand je ne mange pas chez moi, où est-ce que je mange ? Par exemple : j'entre dans le premier fast-food que je trouve.

_____

_____

• Qu'est-ce que je choisis ou accepte ? Par exemple : ce sont mes collègues qui décident de l'endroit.

_____

_____

• Avec qui je mange ? Par exemple : mes enfants.

_____

_____

• Dans quelle ambiance suis-je en train de manger ? Par exemple : c'est bruyant.

_____

_____

• Qu'est-ce que je mange ? Par exemple : ce qui me tombe sous la main.

_____

_____

• Quelle est la qualité de ma nourriture ? Par exemple : que des produits bio.

_____

_____

• En quelle quantité ? Par exemple : je suis un gros mangeur, je me ressers plusieurs fois.

_____

_____

• Est-ce que je prends du plaisir à manger ? Par exemple : pas vraiment, je mange juste pour prendre des forces.

_____

_____

• Où vont mes pensées ? Par exemple : je reste accaparé par mes projets professionnels.

_____

_____

• Quels sont mes sentiments ? Par exemple : je suis impatient de retourner travailler, je me sens seul.

_____

_____

• Comment je me sens corporellement ? Par exemple : mal assis, à l'étroit.

_____

_____

• Comment je mâche et j'avale la nourriture ? Par exemple : j'avale presque tout rond sans vraiment goûter les aliments.

_____

_____

• Quel effet a ce que je suis en train de manger sur mon corps ? Par exemple : ça me charge l'estomac.

_____

_____

• Est-ce que ce que je mange est en accord avec mes goûts et valeurs ? Par exemple : non, pas vraiment. C'est trop gras et je préférerais manger végétarien.

_ _

_ _

2. Avec un peu de recul, je peux noter ce qui me convient et me convient moins afin de choisir de modifier certaines habitudes dans les prochains jours, les prochaines semaines, les prochains mois. Par exemple : je vais commencer chaque journée par un petit déjeuner copieux. Je vais arrêter de manger à la cantine. Je vais prendre plus de temps pour la pause du midi, etc.

Commentaire

Fritz Perls, fondateur de la Gestalt, a beaucoup souligné le rôle symbolique des dents. Il le développe en partie dans Le moi, la faim, l'agressivité. En effet, la façon dont vous utilisez vos dents est à l'image de votre rapport à la vie. La notion d'agressivité, dans le sens latin adgressere « aller vers », y est étroitement liée. L'agressivité saine est celle qui permet de trouver l'équilibre ajusté : ni douceur excessive (qui empêcherait de se défendre et se développer) ni violence (qui détériorerait les relations avec l'environnement).

Exercice n 25 • Quelle est ma part de féminité et de masculinité

Nous sommes tous un mélange subtil de masculin et de féminin. Avoir une conscience claire de votre identité sexuelle fait partie des points d'équilibre nécessaires à votre épanouissement personnel. Quel homme singulier ou quelle femme singulière êtes-vous ?

Prévoyez une heure. Récupérez des catalogues et des magazines que vous aimez bien. Il vous faudra aussi de la colle, une feuille de papier et des ciseaux.

1. Je m'installe à une grande table et je prends le temps de me revoir dans différentes situations vécues au cours de ces derniers jours. Je me revois en présence de différents hommes et différentes femmes, côtoyés dans des contextes variés. Je repense aux détails qui m'ont fait sentir une part masculine en moi. Je repense aux détails qui m'ont fait sentir une part féminine en moi.

2. Je cherche maintenant dans les magazines et revues des images qui me parlent de ces différentes facettes de mon mélange masculin/féminin. Je déchire et découpe les morceaux d'images qui me parlent le plus.

3. Quand j'en ai rassemblé une vingtaine, je déplace les morceaux de papiers jusqu'à trouver une composition qui me ressemble. Ça peut être abstrait, figuratif, entre les deux.

4. Je colle cette composition sur une feuille de mon choix.

5. Je prends du recul par rapport à ce collage. Je peux faire une pause avant de passer à l'étape suivante.

6. Je reviens à mon collage et je définis l'impression d'ensemble de l'image que j'ai ainsi créée. Je prends le temps de passer en revue chaque détail. Et je réponds aux questions suivantes :

· Quel titre puis-je donner à ce collage ?

_ _

· Quels adjectifs puis-je lui donner ?

_ _

_ _

• Que dit-il de mon mélange subtil masculin/féminin ?

_____

_____

• Quelles sont les zones confortables et inconfortables de mes dimensions sexuées et sexuelles ?

_____

_____

• Quelles sont les parties de mon corps et de ma personnalité avec lesquelles je suis à l'aise, ou pas, en tant qu'homme ou femme, et avec les autres hommes et femmes ? Je note sur une feuille ce qui me semble significatif.

_____

_____

• Qu'est-ce que je choisis de faire de bon pour moi à partir de ces remarques ?

_____

_____

Commentaire

Cet exercice permet de préciser la représentation intime que l'on se fait de soi en tant qu'être sexué, avec sa sexualité singulière, indépendamment de tous les clichés et modèles répandus.

Exercice n°26 • Comment libérer mon expression corporelle ?

Dans la vie où tout est mouvement, il se peut qu'à certains moments votre expression physique singulière ne se déploie pas pleinement, qu'elle soit entravée par des contraintes diverses. Vous pouvez avoir un travail tellement sédentaire que, coincé derrière votre bureau, vous n'avez guère de marge de manœuvre. Ou bien vous pouvez être tellement obsédé par la bienséance que vous êtes figé en permanence dans une sorte de rigidité. Quoi qu'il en soit, accordez-vous des moments pour rouvrir des espaces d'expression corporelle.

Portez des vêtements souples et prévoyez quelques minutes avec une musique de votre choix.

1. Je choisis une musique que j'ai envie d'écouter maintenant et un lieu où je me sens à l'aise pour pouvoir bouger librement.

2. Je lance la musique, avec le niveau sonore qui me convient, je m'en imprègne. Je suis debout, j'ancre bien mes pieds dans le sol. Peu à peu, je laisse venir des gestes, je crée ma propre danse, celle qui vient naturellement, sans la juger. Si je souhaite prolonger l'expérience, je peux mettre la musique en boucle, ou même l'album en entier, et danser tant que j'en ai envie.

3. Je danse le plus en conscience possible :

• Quel est mon rythme ? Par exemple : irrégulier.

• Comment sont mes gestes ? Par exemple : larges et saccadés.

• Quelles parties de mon corps sont-elles investies ? Par exemple : surtout mes jambes, j'utilise peu mes bras.

• Comment je me sens ? Par exemple : comme un pantin.

• Quelles sont les émotions qui me viennent ? Par exemple : j'ai envie de rire.

• Quelles sont les images qui se présentent à moi ? Par exemple : des grands singes qui sautent dans tous les sens.

Commentaire

La danse peut être un espace d'expression de sa singularité très riche, notamment pour tout ce qui a du mal à s'exprimer avec des mots. Ce média corporel peut être une indication quand on est trop « perché » dans la tête pour pouvoir « redescendre ».

4

•

Je suis à l'écoute de mes émotions

Notre corps ressent, parle, communique. Nous cherchons trop souvent à enfouir ou à réprimer nos émotions, et généralement cela se retourne contre nous. Laissez-vous le temps de les ressentir, en conscience. Ainsi, vous les exprimerez davantage au service d'un mieux être.

Mon objectif principal

Je prends davantage conscience des indications émotionnelles et j'en tiens compte.

Exercice 27 • Qu'est-ce qui me procure de la joie ?

Idéalement, nous souhaiterions être heureux en permanence. En réalité, nous sommes traversés par toutes sortes d'émotions plus ou moins désagréables. Afin de mieux respecter vos besoins, appuyez-vous sur ce qui vous procure de la joie, à vous, dans toute votre singularité.

Prenez une feuille et un crayon que vous garderez à portée de main pendant une semaine, ou plus si nécessaire. La liste peut même devenir perpétuelle.

1. À chaque fois que j'éprouve une joie, qu'elle soit petite, moyenne ou grande, je l'écris. Je vérifie que c'est bien de la joie. Je lui donne un nom, je précise les circonstances dans lesquelles elle est apparue et je l'évalue afin de préciser mon degré de satisfaction.

Par exemple : j'ai acheté des légumes sur le marché = être en plein air pour faire les courses, y aller à pied et discuter avec les voisins que je croise = 80 % de joie.

2. Quand j'ai établi une liste que je considère comme étant consistante, je la relis afin de constater ce qui est source de joie pour moi.

3. Comment puis-je renouveler ces occasions de joie ?

Commentaire

La joie est, le plus souvent, considérée comme une émotion positive dans la mesure où elle indique que ce que l'on vit est particulièrement adapté à nos propres besoins. Plus vous connaissez précisément ce qui vous procure de la joie, plus vous avez de chances de multiplier les occasions favorables à la contracter.

Exercice n. 28 • Qu'est-ce qui me rend triste ?

Parmi tous les événements, petits ou grands, que vous êtes amené à vivre, certains réveillent en vous une tristesse plus ou moins grande. Si vous avez tendance à oublier certaines tristesses un peu trop vite, en pensant « ce n'est pas si grave », attention, elles risquent de vous rattraper de manière insidieuse... Irritabilité, dépression, maladie... Ménagez-vous des temps pour identifier et exprimer votre tristesse, même si vous considérez que c'est une émotion « négative ».

Choisissez une musique qui vous rend triste et isolez-vous dans un lieu qui vous permette de ne pas être dérangé pendant l'exercice.

1. Je m'installe confortablement et j'écoute attentivement cette musique. Je laisse monter l'émotion. Je réponds aux questions suivantes.

• Quelles sont les images, les sensations et les phrases qui me viennent ?

• Où est logée cette tristesse dans mon corps ?

• Qu'est-ce que j'ai perdu ou que je risque de perdre ? Par exemple : une présence, un confident, de la complicité.

• Qu'est-ce qui me manque exactement ? Par exemple : sa voix, sa douceur, quelqu'un avec qui échanger.

• D'autres émotions se mêlent-elles à cette tristesse ?

2. De quoi ai-je besoin pour prendre soin de moi et mieux supporter cette tristesse ? Par exemple : voir d'autres gens avec qui partager, faire un album de souvenirs, retrouver un confident.

_ _

_ _

Commentaire

La fonction naturelle de la tristesse est de nous signaler une perte ou un manque. Reconnaître et exprimer, aussi précisément que possible, votre tristesse vous aidera à la traverser.

Exercice n°29 • Qu'est-ce qui me fait pleurer dans ce film ?

Que vous pleuriez facilement ou pas, il existe vraisemblablement des films qui ont l'art de provoquer vos pleurs. Vous pouvez regarder ces films en laissant venir vos larmes comme vous en avez besoin ou au contraire en les retenant. Peut-être évitez-vous de regarder ces films ? Quoi qu'il en soit, cette envie de pleurer, si vous l'accueillez vraiment, vous aide à préciser quelque chose qui vous concerne.

> Visionnez un film qui vous fait pleurer : en entier ou certains passages seulement.

Je précise ce qui me touche vraiment dans les passages qui me font pleurer.

1. Quel aspect de l'histoire ?

2. Quel personnage ?

3. Quel est le lien avec moi ou, indirectement, quelqu'un qui compte pour moi ?

4. Quelles paroles ?

5. Quels comportements ?

6. Quelles attitudes ?

7. Est-ce que je suis d'accord avec ou pas ?

8. Ça me rappelle quoi ? Quels lieux ? Quelle musique ?

9. Ça évoque quoi pour moi ?

10. Ce sont des larmes qui me renvoient à quels sentiments ? Par rapport à qui ? à quoi ?

11. C'est en lien avec quels aspects de ma propre vie ?

12. Ça me parle de quels besoins ?

Commentaire

Dans certaines familles, on véhicule encore souvent l'idée erronée qu'« un homme ne pleure pas » ou que « ce sont les bébés qui pleurent ». L'envie de pleurer, que ce soit dans une situation réelle, en regardant un film, en écoutant une chanson ou toute autre situation à laquelle on est sensible, parle de quelque chose qui nous concerne. Derrière les larmes peut apparaître un mélange subtil d'émotions qui ne demandent qu'à s'exprimer, et qu'il est toujours riche de décoder afin d'en extraire des indications personnelles.

Exercice n 30 • Que me dit ma colère ?

Un moustique qui vous tourne autour ou un voisin trop bruyant peuvent vous agacer. Mais parfois, certaines colères sont plus souterraines, comme celle que vous éprouvez vis-à-vis d'un parent ou d'un enfant envahissant. Pour éviter toute maladresse dans l'expression de votre colère, soyez d'abord le plus au clair possible avec elle. Écoutez ce qu'elle vous dit.

Installez-vous dans un endroit où vous ne serez pas dérangé pendant une dizaine de minutes. Vous pouvez utiliser une boule d'argile ou de papier.

1. Je m'installe confortablement et je me concentre sur ma colère.

2. Je prends la boule d'argile ou de papier entre mes mains et je me défoule avec : je la tords, je l'aplatis, je la déchire en étant attentif à ce que je ressens. J'évacue tout ce qu'exprime ma colère.

• Quelles sont les sensations et les images qui viennent ? Par exemple : j'ai envie de taper des poings. Je vois rouge comme un taureau.

• Suis-je vraiment en colère ? Sinon, quelle est l'émotion qui s'est « déplacée » ? Par exemple : je suis déçu par le comportement de ce collègue et je suis triste car je pensais qu'il était un ami.

• Si oui, contre quoi, contre qui suis-je en colère ? Par exemple : je suis en colère contre mon collègue champion du monde de malveillance.

• Qu'est-ce qui n'est pas ou n'a pas été respecté chez moi ? Par exemple : j'ai l'impression de ne pas avoir été reconnu à ma juste valeur.

3. À présent et concrètement, que puis-je faire pour prendre soin de moi, pour éviter de ruminer cette colère ? Par exemple : je vais aller trouver mon collègue pour lui dire à quel point ses paroles sont déplacées.

_____

_____

_____

4. Maintenant que j'ai exprimé dans mes mots et mes gestes ma colère, et que j'ai compris le sens qu'elle exprime, je respire calmement pour sortir de l'exercice.

Commentaire

La fonction naturelle de la colère est d'indiquer qu'un territoire réel, symbolique ou psychique est, ou risque d'être, envahi : nos limites personnelles ne sont pas respectées, nous sommes alors malmené par quelqu'un ou quelque chose. La colère est dans ce cas une émotion légitime. C'est pourquoi, il est important de savoir l'écouter afin de pouvoir l'intégrer et nous donner toutes les chances de l'exprimer au mieux.

Exercice 31 • J'apprivoise ma colère

Il peut arriver que l'on soit en colère au point de ne pas savoir la gérer. On peut se mettre « hors de soi », tout comme on peut enfouir cette colère au plus profond jusqu'à ce qu'elle se retourne contre soi. Il est préférable d'apprivoiser sa colère et de la canaliser.

Suivez les instructions ci-dessous.

1. Je me centre sur ma colère, qu'elle soit en train de monter ou déjà bien installée.

2. Je prends le temps de préciser les sensations et les images qu'elle provoque :

• Quel est mon agacement ? Léger, petit, moyen, grand ?

• Est-ce une petite, une moyenne, une grosse ou une énorme colère ?

• Est-ce que je ressens de la rage, de la violence ?

• De quelle « couleur » est ma colère ?

• Où se situe-t-elle dans mon corps ?

Par exemple : je suis dans une colère noire ! Je bouillonne en repensant au moment où mon patron m'a dit qu'il me licenciait. Si je ne me contrôlais pas, je casserais quelque chose ! J'ai une boule au ventre.

3. Je remets ma colère dans son contexte.

• Comment est apparue cette colère ? Par exemple : quand mon patron, le même qui m'a fait déménager pour ce poste il y a deux mois, m'a dit qu'on allait devoir supprimer mon emploi.

_____

_____

• Depuis quand ai-je conscience d'être en colère ? Par exemple : je n'ai pas très bien compris ce qui se passait sur l'instant. Elle est montée petit à petit.

_____

_____

• Comment évolue-t-elle dans la durée ? Par exemple : ça ne fait qu'empirer.

_____

_____

• Est-ce une colère qui s'est déplacée ? Par exemple : oui, je suis particulièrement sensible à toutes les critiques, mêmes les plus anodines en ce moment.

_____

_____

• Est-ce une colère qui me semble légitime ? Par exemple : oui, car c'est une façon de procéder très grossière !

_____

_____

4. Je fais le point sur ce que me dit ma colère et j'identifie la manière dont je peux l'exprimer de manière constructive.

• Que me dit cette colère au sujet d'un territoire, qu'il soit personnel, physique, matériel, psychique ou symbolique, qui serait envahi ? Par exemple : j'ai le sentiment de m'être fait avoir et de me faire « jeter » de mon travail !

_____

• Qu'est-ce qui m'empêche d'exprimer ma colère ou qu'est-ce qui fait que je l'exprime de façon inadaptée ? Par exemple : ça reste mon supérieur hiérarchique et de plus je suis surpris !

_____

• Comment exprimer, ou transformer, cette colère-là de façon acceptable ? Par exemple : demander un entretien et le préparer.

_____

• Qu'est-ce que je peux mettre en place concrètement afin de faire respecter les limites de mon « territoire », dans cette situation-là ? Par exemple : faire valoir mes droits fermement et calmement, demander un dédommagement.

_____

Commentaire

Cet exercice vous permet d'accueillir et de préciser ce sur quoi porte votre colère. Vous prenez conscience de ce qui vous dérange, vous l'exprimez et vous agissez afin d'y remédier. La colère comprise appelle une agressivité saine et légitime de défense ajustée qui a toutes les chances d'être entendue. Une colère qui n'est pas entendue ou mal canalisée peut se dégrader en violence : violence contre l'autre ou contre soi-même.

Exercice n°32 • Quelle est cette peur ?

Vous avez eu maintes occasions d'éprouver toutes sortes de peurs, plus ou moins angoissantes et plus ou moins rationnelles. Aujourd'hui encore, vous pouvez être encombré par certaines peurs que vous aimeriez chasser : la peur de manquer de temps, de vieillir, que l'avion s'écrase... Certaines ont pu vous protéger réellement contre des dangers, tandis que d'autres vous ont empêché d'évoluer. Apprenez à accueillir vos peurs pour avancer.

Prenez une feuille et un crayon.

1. Je guette la première peur qui se présente, quelle qu'elle soit et quelle que soit la forme sous laquelle elle apparaît.

2. Je la formule aussi clairement que possible en commençant par « J'ai peur de... ». Par exemple : j'ai peur de ne pas consacrer assez de temps à mes enfants.

J'ai peur de _

3. Ensuite, je précise aussi concrètement que possible ce que signifie cette peur. Par exemple : j'ai peur de ne pas prendre assez de temps pour jouer avec eux durant le week-end.

_ _

_ _

_ _

_ _

4. Puis, je me demande si j'ai peur « pour moi » ou « pour quelqu'un d'autre ». Dans l'exemple ci-dessus, je peux avoir peur pour moi : de me priver de ce plaisir et aussi pour eux : peur qu'ils se sentent abandonnés.

_____

_____

_____

_____

5. Est-ce qu'il s'agit d'un danger réel ? Dans l'exemple ci-dessus, me priver du plaisir de jouer : oui.

_____

_____

_____

_____

6. Dans ce cas, que puis-je mettre en place concrètement pour y remédier ? Par exemple : je prévois une plage de temps avec eux après le déjeuner et je les en informe sans attendre.

_____

_____

_____

_____

7. Est-ce une peur non fondée ? Dans l'exemple ci-dessus : oui ! Je ne sais pas pourquoi, j'ai peur d'être une mauvaise mère.

_____

_____

_____

_____

8. Dans ce cas, que puis-je mettre en place qui soit plus fort que ma peur ? Par exemple : je rassemble les souvenirs récents qui m'ont permis de me sentir une bonne mère, je regarde mes enfants et les écoute rire.

_____

_____

_____

_____

Commentaire

La fonction naturelle de la peur est de nous indiquer un danger ; autant dire qu'elle est bien utile même si l'on a tendance à la considérer comme une émotion négative ! Si l'on n'avait pas peur de se faire écraser par une voiture, on ne regarderait pas d'un côté, puis de l'autre avant de traverser la rue. Les peurs plus délicates à gérer sont celles que nous n'identifions pas ou que nous nous contentons de juger ou de tenir à distance au lieu de chercher à les intégrer. Nos peurs aussi sont des alliées. Elles méritent d'être écoutées et apprivoisées.

Exercice n. 33 • Comment me remettre d'une expérience violente ?

Dans votre histoire personnelle, il se peut que vous ayez été confronté à un événement d'une grande violence : accident, suicide, séparation brutale, agression physique... En reconnaissant l'impact subi, plutôt que de chercher à oublier « à tout prix », vous avez plus de chances de trouver des ressources qui vont vous permettre de traverser cette expérience particulièrement éprouvante.

Choisissez un moment où vous pouvez vous isoler tranquillement. Prévoyez un temps de ressourcement ensuite, de préférence avec le soutien d'une personne de confiance, au cas où vous seriez très remué.

1. Quelle situation ou quel événement violent ai-je vécu ?

2. Qu'ai-je essayé d'oublier, sans y parvenir ?

3. Qu'est-ce qui a volé en éclats à cause de cet événement ?

4. Quelles sont les émotions qui n'ont pas pu s'exprimer ?

5. Que j'arrive ou non à dire avec des mots comment ça résonne encore en moi, je peux aussi faire un dessin. Ce dernier peut être figuratif, abstrait, entre les deux. Je ne cherche surtout pas à faire un chef-d'œuvre, mais seulement à m'exprimer.

6. À quelle personne de confiance puis-je me confier, montrer mon dessin ?

7. Est-ce que cet événement a encore des impacts aujourd'hui ? Si je réalise que cet événement me laisse encore une empreinte trop encombrante (des cauchemars, des troubles, etc.), il vaut mieux que j'entreprenne une thérapie.

8. Que puis-je prendre le temps de faire qui me fasse du bien, me ressource ? Par exemple : passer du temps avec un ami, une balade, prendre un bain, boire un thé, etc.

Commentaire

Face à une violence subie quelle qu'elle soit, flagrante et ponctuelle (mort accidentelle d'un proche) ou plus insidieuse et répétitive (racisme, harcèlement moral, etc.), le cerveau a du mal à organiser les informations qu'il reçoit, d'où une réaction de défense sous forme de sidération : comme si nos réactions étaient « gelées ». Grâce à cet exercice, vous les libérez peu à peu. Comme prémices du « dégel », il peut arriver que les émotions commencent par arriver de façon un peu anarchique : des crises de larmes qui surgissent sans prévenir par exemple.

Exercice n°34 • Comment me libérer d'un poids émotionnel ?

Vous débordez d'amour pour quelqu'un sans le lui dire ? Vous comprimez votre colère au point d'avoir peur d'imploser ? Vous sentez-vous miné par une tristesse ? Au lieu de garder ces choses pour vous, au risque qu'elles se retournent contre vous, choisissez un moyen bien personnel de les exprimer.

Suivez les instructions ci-dessous.

1. Je pense à quelqu'un à qui je n'ose pas dire quelque chose qui m'encombre : ça peut être de l'affection pour une personne que j'aime en secret, de la colère pour quelqu'un qui m'a malmené, de la tristesse à l'égard d'un être cher qui me manque ou tout autre sentiment fort dont je ne sais pas quoi faire.

2. Je fabrique une image ou un objet, comme si c'était un cadeau pour la personne à laquelle je pense. Cela peut être un cadeau « empoisonné » dans certains cas de rancœur !

3. J'y mets les couleurs, les matières qui correspondent le mieux à ce que je ressens pour cette personne, je me laisse guider par mon intuition. Par exemple : je choisis le rouge pour la passion et des ronces pour la colère. Le dessin ou l'objet peut être insolite, étonnant, ce qui compte c'est qu'il ait du sens pour moi, même si une partie du sens m'échappe.

4. Je traverse les émotions qui m'arrivent durant la réalisation de ce « cadeau ». Elles peuvent être ambivalentes, il peut y avoir de la colère et de l'amour en même temps.

5. Une fois l'objet terminé, j'imagine que je l'offre à la personne qui me l'a inspiré. Qu'est-ce que ça me fait d'imaginer qu'elle le reçoit ? Je peux me sentir soulagé, ça peut me faire rire et me permettre de dédramatiser, ça peut me faire pleurer, je peux être désolé, etc.

6. Qu'est-ce que ça me donne comme indication pour moi ? Par exemple : je ne le laisserai plus me maltraiter de la sorte. Ou, maintenant je peux lui pardonner.

Commentaire

« Exprimer » vient du latin exprimere *avec la racine* premere *qui signifie « presser », mettre à l'extérieur. S'exprimer aide donc à se détacher de sentiments encombrants. De plus, le fait d'utiliser un média symbolique permet de se libérer sur plusieurs niveaux en même temps (tête, cœur, corps).*

Exercice 35 • Le curseur de mes émotions

Il peut vous arriver d'être submergé d'émotions, déconcerté ou simplement de ne pas trop savoir dans quelle émotion vous êtes. Pourtant, à chaque instant, vous pouvez mesurer précisément ce qui vous arrive en y prêtant attention.

Suivez les instructions suivantes.

Voici les principaux curseurs qui indiquent mes émotions potentielles avec pour chaque émotion un degré plus ou moins élevé.

Joie	0 % ————————————➤ 100 %
Tristesse	0 % ————————————➤ 100 %
Colère	0 % ————————————➤ 100 %
Peur	0 % ————————————➤ 100 %

1. Afin de préciser mon mélange d'émotions du moment, je questionne tour à tour chaque émotion.

• Est-ce que je ressens de la joie, dans quelle mesure ? Je place un trait qui symbolise le curseur correspondant. Si je ressens une faible satisfaction, je peux placer le curseur joie à 20 %.

• Je précise à quoi j'attribue cette joie. Par exemple : faible satisfaction dans mon travail actuel.

• Je procède de la même façon pour chaque autre curseur : tristesse, colère, peur.

2. Je prends un temps de recul pour considérer l'ensemble de ces émotions.

Imaginons que je sois légèrement agacé (colère à 20 %) + très peiné (tristesse à 70 %) + moyennement inquiet (peur à 40 %) + une pointe de joie (20 %).

Avec le recul, je peux réaliser que ce mélange subtil provient d'une série de remarques en partie flatteuses, en partie dévalorisantes que l'on vient de me faire au sujet de mon travail.

Commentaire

Des émotions nous traversent constamment. Elles varient perpétuellement en fonction de ce à quoi nous sommes exposés. Souvent les émotions de faible intensité passent inaperçues et on a tendance à ne discerner que l'émotion dominante du moment. Pourtant, toutes nos émotions nous donnent des indications. Savoir les distinguer, les préciser et les relier à leurs sources vous aidera à mieux les comprendre, et donc à mieux les gérer. Avec un peu d'entraînement, vous apprendrez à être plus précis dans votre conscience émotionnelle.

5

.

Je fais du ménage dans ma tête

Dans les précédents exercices, vous avez appris à être davantage centré sur votre corps et vos émotions. Il n'en demeure pas moins que vous êtes un ensemble, un « tout » plongé dans un environnement, donc en interaction avec les autres.

Vous allez à présent exprimer ce que vous savez de vous, et comment vous vous représentez vos différentes façons d'être en relation. En apprenant à être plus attentif à vous-même, mais aussi à ce qui vous entoure, vous prendrez mieux conscience de la manière dont vous vivez l'ici et maintenant. Vous verrez plus clairement comment vous êtes acteur dans vos expériences.

Mon objectif principal

Je me responsabilise davantage. Je prends conscience de mes propres valeurs et je les réactualise.

Exercice n°36 • Qui suis-je au juste ?

Qui que vous soyez et d'où que vous veniez, vous avez été façonné, et vous continuez à l'être, par une somme d'expériences considérable. Prendre conscience de la richesse des facettes de votre personnalité vous aidera à vous situer.

Prenez une grande feuille de papier et deux crayons de couleurs différentes.

1. Dans la première moitié de la feuille, j'écris un maximum de choses hétéroclites que « j'aime ».

Par exemple : j'aime être entouré d'enfants, jardiner, que mes collègues prennent des initiatives, jouer du violon, aller au marché, voyager, etc.

2. Dans l'autre moitié de la feuille, j'inscris un maximum de choses que « je n'aime pas ».

Cela peut être : les reptiles, la jalousie, le froid, les chiffres, les jupes, les topinambours, le saut à l'élastique, me promener seul la nuit, etc.

3. Je peux laisser reposer ces deux listes et y revenir afin de les relire et les compléter.

4. Je peux refaire complètement ces deux listes à quelques mois, voire même quelques années d'intervalle. Cela m'aide à mesurer mon évolution.

Commentaire

Faire des listes sur ce que l'on aime, ou pas, renvoie à ce que l'on appelle la fonction personnalité en Gestalt, c'est-à-dire la somme des expériences que l'on a vécues, emmagasinées et comprises à sa façon, avec ses propres limites. Vous pouvez ainsi réaliser une sorte d'auto-portrait en fonction de vos propres expériences et de votre histoire.

Exercice n°37 • Quelles sont mes valeurs ?

Vos choix sont en partie dictés par des valeurs que vous avez faites vôtres, au moins pour un temps. Il vous arrive de douter de certaines d'entre elles ou encore d'avoir besoin de les remettre en question. Préciser et réactualiser vos propres valeurs s'avère très structurant, surtout dans une période de changement ou de crise.

Prenez un crayon et un carnet, que vous consacrez à ce seul exercice.

1. Je prends mon carnet et, en haut de chaque page, j'écris une valeur. Je vérifie bien que c'est quelque chose qui compte pour moi dans ma propre vie, une dimension à laquelle je tiens et dans laquelle je me reconnais.

Voici quelques exemples de valeurs : famille, créativité, écologie, solidarité, jardin, sport, liberté, culture, etc.

2. En dessous, j'illustre chaque valeur avec un exemple personnel que je commente à ma façon.

Par exemple, le sport : j'ai besoin de faire du sport, quelques heures toutes les semaines et de préférence en plein air, seul ou avec des copains. Que ce soit du vélo, du cheval, de la natation ou du foot. Ce n'est pas pour la compétition, juste pour le plaisir de bouger et de prendre l'air, pour entretenir ma santé.

3. J'évalue, comment, jusqu'à présent, j'ai plus ou moins respecté cette valeur dans ma vie.

Par exemple : l'été, je fais du sport facilement trois fois par semaine, tandis que l'hiver j'ai du mal à prendre une heure de temps en temps.

4. Je note ensuite comment cette valeur se conjugue avec d'autres. Dans l'exemple ci-dessus : je suis rattrapé par le travail, qui est une valeur que je mets au premier plan, et aussi par le confort car j'aime être au chaud.

Ici, les valeurs ne s'entrechoquent pas forcément beaucoup. Mais, il peut m'arriver de vivre des conflits de valeurs plus forts, comme entre liberté et solidarité. Selon les cas de figure, je peux considérer que je consacre beaucoup de temps à aider les autres et que ça empiète trop sur ma liberté et mon épanouissement personnels. Au contraire, je peux considérer que la place trop grande que j'ai accordée jusqu'alors à ma liberté personnelle m'a empêché d'assouvir ma soif de solidarité.

5. Je peux revenir me plonger dans mon carnet de valeurs et le compléter régulièrement. Je peux aussi en refaire un autre quand j'en éprouve le besoin.

Commentaire

Connaître vos valeurs, les exprimer et les assumer, contribue fortement à donner du sens à votre propre vie et renforce l'estime de soi. Plus vous vivez d'expériences dans la conscience des valeurs en jeu, qu'elles soient malmenées ou respectées, plus ces dernières se précisent et s'affirment.

Exercice n°38 • Comment utiliser mes rêves ?

Chaque nuit, que vous vous en souveniez ou pas, vous rêvez. Si vous prenez le temps de considérer vos rêves avec attention, vous pouvez découvrir de nouvelles pistes pour votre évolution personnelle.

Le matin, au réveil, quand je me souviens d'un rêve, je peux faire cet exercice. Je peux également reprendre un rêve récent dont je me souviens.

1. Mentalement ou par écrit, je me raconte un rêve en essayant de retrouver un maximum de détails, sans jugement. J'accueille tout ce qu'un rêve peut contenir d'incongru. Je prends mon temps afin d'être aussi précis que possible.

2. Je me raconte ensuite ce même rêve du point de vue subjectif d'un des éléments du rêve. Par exemple, s'il y avait une ville, c'est la ville qui parle en disant : « Je suis une ville merveilleuse... »

3. Je me raconte ensuite ce même rêve du point de vue d'un autre de ses éléments. Par exemple, s'il y avait une voiture : « Je suis une voiture rouge. »

4. Je procède, ainsi de suite, en me projetant dans chacun des symboles présents dans ce rêve. J'essaie de ressentir leurs émotions.

5. Je vois ensuite s'il existe des points communs entre les différents récits et symboles. Existe-t-il un thème commun ? Par exemple : le rayonnement, l'indépendance, la renaissance...

6. En quoi tout cela me concerne et parle de moi ? Par exemple : je dois oser plus.

7. Qu'est-ce que cela dit de mes besoins actuels ? Par exemple : je dois faire mieux savoir qui je suis et à quoi j'aspire.

Commentaire

Le rêve est le matériau intuitif « sur mesure » par excellence. Autant le cerveau gauche, rationnel, est indispensable pour structurer ses connaissances, mettre en place des procédures de sécurité et d'organisation, autant le cerveau droit, au fonctionnement intuitif qui échappe, est précieux pour envisager les choses « autrement » et donc ouvrir au changement nécessaire à toute évolution. Quand vous interprétez un rêve, vous récupérez du matériau intuitif, irrationnel et vous l'intégrez, en partie, rationnellement.

Exercice n° 39 • Comment me sortir d'une situation difficile ?

Aux prises avec une situation difficile, vous pouvez vous retrouver submergé par les émotions et ne plus savoir comment vous y prendre. Prendre du recul dans ces situations vous aidera à y voir plus clair.

☜ *Prenez une feuille et un crayon.*

1. Je donne un titre provisoire à une situation difficile, comme si c'était un épisode de feuilleton.

Par exemple : Mon collègue suicidaire.

_ _

_ _

2. Je liste et j'écris aussi précisément que possible les faits, les actions des personnes impliquées, aussi bien les miennes que celles des autres.

Par exemple : Mike n'est pas souvent là. Il prévient de son absence quand ça lui chante. Il fait parfois des apparitions. Il est assez dérangé. J'ai une collègue qui pense que c'est un candidat au suicide. Il se fiche pas mal de notre organisation !

_ _

_ _

3. Je réécris toutes ces phrases jusqu'à ce qu'il n'y ait plus ni jugement ni aucune interprétation d'aucune sorte.

Pour l'exemple ci-dessus : Mike est absent une semaine sur deux. Il prévient au dernier moment de son absence. Il fournit des certificats médicaux attestant qu'il est dépressif. Il nous a dit se faire suivre psychologiquement et assure que ça lui fait du bien. J'ai une collègue dont le cousin s'est pendu au travail et qui s'inquiète beaucoup pour Mike. Nous devons régulièrement redistribuer le travail qu'il ne fait pas.

_____

_____

4. Je réajuste, si nécessaire, le titre que je donne à cette situation, quitte à ne changer qu'un mot.

Pour l'exemple ci-dessus, le titre peut devenir : Notre collègue dépressif. Dans cette reformulation, « notre » me rappelle que je fais partie d'une équipe et je me sens donc moins seul à affronter cette situation. Le recadrage de « dépressif » plutôt que « suicidaire » retire la part d'interprétation dramatique. Subsiste alors le problème de la réorganisation du travail qui incombe à l'équipe.

5. Je vois plus clair dans la situation et suis mieux préparé à réagir correctement. Que puis-je faire concrètement pour sortir de cette situation difficile ?

Dans l'exemple ci-dessus : j'arrête de me laisser contaminer par l'angoisse de la collègue alarmiste et je fais confiance aux médecins qui suivent le malade (je lui laisse sa responsabilité de se soigner au mieux). Nous partageons précisément le travail urgent qui n'est pas fait durant les congés maladie. Je propose d'engager un intérimaire pour nous remettre à jour (je conserve ma part de responsabilité dans le travail d'équipe).

_____

_____

Commentaire

Cet exercice permet de séparer le factuel de l'émotionnel et donc d'avoir une vision plus claire d'événements bien réels. Observer sans juger une situation délicate, difficile, peut aider à la recadrer, à préciser ce qui vous affecte, vous concerne et aussi à voir plus clairement où, par qui et comment l'action a réellement besoin d'être menée.

Exercice n°40 • Je fais le tri après chaque expérience

Suite à une expérience riche, une séparation amoureuse ou après avoir quitté un emploi, vous pouvez ainsi éprouver le besoin de remettre les choses à plat. Il vous est alors précieux de détailler et nuancer vos pensées, vos sentiments et ressentis.

Choisissez une expérience que vous considérez comme se finissant, puis suivez les instructions ci-dessous.

Je prends une feuille que je divise en trois colonnes.

Ce que je garde. Ce qui m'a convenu, apporté de la satisfaction, du plaisir...	Ce que je laisse. Ce dont je n'ai plus besoin, ce qui me dérange, ne me correspond pas....	Ce qui est en cours d'assimilation. Les questions qui me restent suite à cette expérience.
Exemples : J'ai voyagé et appris l'anglais. J'ai rencontré des gens passionnants.	Exemples : Trop de réunionites ! Le manque de travail en équipe. Je me mettais trop en quatre pour les autres et ça m'a épuisé.	Exemples : Est-ce que j'ai besoin d'utiliser autant l'ordinateur ? Comment déléguer mieux ? Comment mieux gérer mon temps ?

Dans ce que nous vivons, tout n'est pas simplement « noir » ou « blanc », mais bel et bien teinté d'une multitude de nuances. Pour reprendre l'image développée par Perls dans Le moi, la faim, l'agressivité, *nous n'avalons pas « tout rond » ou ne recrachons pas ce que nous avalons. Afin de bien nous nourrir, nous avons besoin de bien « goûter » et « mâcher » nos expériences avant de les digérer. C'est ainsi que nous pouvons bien nous « nourrir » dans tous les sens du terme.*

Cet exercice vous aide à faire le point sur vos expériences, et ainsi à être plus au clair sur ce qui vous convient ou pas. Cela vous prépare à faire les bons choix.

Exercice n°41 • Comment prendre du recul sur l'ensemble de ma vie ?

À certains moments, notamment lors des périodes de change-ments importants, il vous arrive certainement de vous sentir un peu perdu, de trouver votre histoire décousue. Il est alors précieux de prendre du recul par rapport au fil de votre vie.

Installez-vous dans un lieu où vous ne pourrez pas être dérangé pendant une heure. Prenez une très grande feuille et des feutres.

1. Je dessine le fil de ma vie tel que je le vois. Je choisis les formes et les couleurs que je lui donne en fonction de ce que je ressens.

2. Je note des âges, des événements, des rencontres... Tout ce qui me semble important. Si je veux, je peux ajouter des symboles.

3. Quand je considère que l'essentiel y est, je fais une pause.

4. Ensuite, je viens regarder le fil de ma vie avec du recul, et je réponds aux questions suivantes :

• Qu'est-ce qui constitue ma vie ?

• Quelles sont mes difficultés ponctuelles, récurrentes ?

• Quelles sont mes satisfactions ponctuelles, récurrentes ?

• À quoi j'aspire maintenant ?

• Qu'ai-je envie de continuer, de changer ou d'améliorer ?

Commentaire

Avoir une vision d'ensemble de votre vie aide à travailler votre identité : qui êtes-vous ? D'où venez-vous ? Et cela vous aide également à vous recentrer sur le sens de votre vie, sur ce à quoi vous aspirez. Cet exercice contribue à nourrir votre fonction personnalité, et vous aide donc mieux à gérer la somme de vos propres expériences.

6
•

Je gagne en liberté et en responsabilité

Voici quelques exercices qui vont vous aider à rééquilibrer votre part de responsabilité, à vous adapter à toutes sortes de situations, aux autres, tout en écoutant vos propres besoins. Vous allez davantage prendre conscience de votre liberté de choix.

Mon objectif principal

M'ouvrir à des changements possibles.

Exercice n° 42 • Comment me distinguer d'un groupe ?

Vous arrive-t-il de vous perdre dans des phénomènes de groupe, face à des pressions sociales, au point que cela ne vous convienne pas ? En remplaçant certains « on » par des « je », vous aurez davantage de chances de vivre en tant que personne centrée respectant ses propres besoins.

L'exercice suivant se fait à voix haute en parlant de quelque chose qui vous touche, vous concerne.

1. J'utilise le plus possible la première personne du singulier pour parler de ce qui me touche. J'évite de dire « on ». La plupart de mes phrases vont commencer par « je ».

2. Je dis ce qui m'arrive à ce sujet :

• Que m'arrive-t-il ? Par exemple : je m'ennuie le dimanche avec ma famille.

• Comment je me le représente ? Par exemple : je trouve que tous les dimanches se ressemblent trop.

• Comment je le perçois ? Par exemple : je m'ennuie quand je joue toujours aux mêmes jeux avec les mêmes personnes, à la même heure, au même endroit.

3. Je prends le temps de sentir ce qui m'émeut et de dire avec quelles émotions je suis touché. Par exemple : je suis triste, je ne fais pas ce que j'aimerais. Je me force pour faire plaisir aux autres... qui ne songent pas à me faire plaisir.

4. Je précise quels sont mes ressentis corporels en ce moment, et j'essaie d'être aussi précis que possible. Par exemple : je me sens mou, comme un sac vide.

5. Quelles indications cela me donne-t-il au sujet de mes envies et besoins ? Par rapport à l'exemple ci-dessus : j'ai besoin d'avoir d'autres activités que des jeux de société. J'aimerais faire du vélo ou de la marche, seul et en famille, recevoir et aller voir des amis, trouver un club de randonnée...

Commentaire

Cet exercice vous permet de prendre conscience que vous êtes au cœur de votre propre vie. Même si vous vous reconnaissez, à juste titre et en grande partie, dans certains groupes d'appartenance, vous êtes seul à vivre ce que vous vivez là, sous cette forme qui se précise à chaque instant. Vous seul ressentez cela avec ce mélange précis de nuances. Vous êtes la personne la mieux placée pour avoir la conscience la plus exacte possible de ce qui vous arrive et de ce dont vous avez besoin.

Vous pouvez donc aussi vivre des moments de « rupture de confluence », dans lesquels vous vous distinguez d'un groupe d'appartenance. Cela ne signifie pas que vous allez basculer dans un excès qui consisterait à vous opposer systématiquement aux autres.

Exercice n°43 • Comment je m'approprie un mot chargé de sens pour moi ?

Parmi la multitude de mots et symboles existants, il est probable que vous soyez comme captivé par certains d'entre eux, ou encore que vous les détestiez. Prendre le temps de s'attarder sur ces mots peut s'avérer d'une grande richesse.

Choisissez un mot chargé de sens et qui vous parle.

1. Je laisse venir un maximum d'associations d'idées autour de ce mot. Des associations d'idées logiques, des références culturelles, des liens attendus ou plus surprenants. Par exemple, si j'ai choisi « spirale » : ressort, ventre, création, toupie, concentré.

2. Je précise les émotions que je ressens en m'attardant sur ce mot. Par exemple : vertige, joie, pointe d'inquiétude.

3. Je sens dans quelles parties de mon corps ce mot vient me toucher. Par exemple : dans le ventre.

4. Je peux constater tout cela dans ma tête, à voix haute ou par écrit.

5. Pour finir, je formule quelques phrases personnelles résumant mes découvertes du moment autour de ce mot. Par exemple : « spirale » révèle ma peur de la dispersion.

Commentaire

Prendre le temps d'approfondir ce qu'un mot évoque pour vous est une façon de travailler votre quête de sens, une des données existentielles, qui renvoie au besoin de se situer entre ce qui a du sens et ce qui semble absurde. Vous prenez le temps de sentir l'écho que ces mots provoquent en vous.

Exercice n°44 • Que me révèlent les objets auxquels je suis attaché ?

Parmi les objets « affectifs » qui font partie de votre univers, il est éclairant d'explorer ce qu'ils évoquent pour vous et quels ressentis leur sont associés. Si vous restez attaché à un vieil ours en peluche ce n'est sans doute pas juste parce qu'il peut servir si un enfant vient à la maison...

Choisissez un objet qui fait partie de votre quotidien et auquel vous êtes particulièrement attaché.

1. Je prends le temps de décrire l'objet que j'ai choisi, de parler de ce que je sais déjà de lui. J'essaie aussi de redécouvrir cet objet, avec tous mes sens en éveil et toutes les associations d'idées qui peuvent me venir, tous les ressentis, les émotions qui émergent « ici et maintenant ».

2. Quels sont les points communs entre cet objet et moi ?

3. Que m'évoque-t-il ?

4. Comment se rattache-t-il à ma propre histoire ?

5. Qu'est-ce qu'il vient toucher chez moi en ce moment ?

Pour reprendre l'exemple de l'ours en peluche : il est possible qu'il parle de transmission familiale ou d'une difficulté à se détacher de ma mère, ou d'un besoin de tendresse, qu'il me renvoie à ma naissance ou à mon adoption...

La fonction symbolique est d'une grande puissance, elle est omniprésente. Chacun possède une faculté intuitive extraordinaire d'aller chercher dans son environnement (ce qui l'entoure dans une plus ou moins grande proximité) des symboles universels (les « archétypes » dirait Jung) ou des symboles plus personnels. Il est toujours très riche de voir comment un objet peut revêtir des sens multiples pour vous et quelle charge affective vous y placez.

Exercice 45 • Une métaphore pour raconter mes difficultés

Vous avez certainement déjà eu du mal à exprimer une difficulté, un malaise. Les mots, les explications habituelles, logiques et rationnelles ne suffisent pas à « dire » ce que vous ressentez. Afin de gagner en précision dans ce que vous voulez exprimer, vous pouvez vous aider de métaphores, des images que vous choisissez intuitivement pour les points communs qu'elles ont avec ce qui vous préoccupe.

Suivez les instructions ci-dessous.

1. Je choisis quelque chose qui me pose problème, un conflit, une difficulté personnelle ou professionnelle, et je le formule simplement. Par exemple : je suis fâché avec mon collègue.

2. Ensuite, je me demande : « À quoi ça ressemble ? » Sans réfléchir, j'accueille la première image qui me vient, quelle qu'elle soit. Cela peut être une tôle rouillée, un oursin ou tout autre chose plus ou moins surprenante.

3. Je développe cette métaphore en cherchant des points communs avec ce qui me préoccupe. Par exemple : la relation avec mon collègue est comme une tôle rouillée, elle m'encombre, j'ai peur de me blesser en me prenant les pieds dedans, ça nécessiterait de l'antirouille et de la peinture, etc.

4. Je laisse venir les questions qui peuvent m'apporter des ouvertures éventuelles. Par exemple : ce serait quoi l'antirouille dans cette relation ? Ce serait quoi la peinture ? Qu'est-ce que je pourrais faire pour ne pas me prendre les pieds dans une tôle ?

Commentaire

La métaphore possède un avantage certain, celui de montrer un problème sous un angle nouveau. Elle mobilise le cerveau droit et, donc, apporte des ouvertures « autres » permettant de sortir du cadre de référence habituel. La métaphore permet de prendre du recul par rapport à ce qui est difficile. Elle peut aussi apporter un peu de légèreté et d'humour. Elle vous servira pour dénouer certains de vos problèmes, mais pourra également les rendre plus accessibles à autrui.

Exercice n°46 • Comment me préparer au meilleur qui puisse m'arriver ?

Peut-être n'osez-vous pas déménager de peur de vous sentir perdu dans un autre quartier ou une autre ville. Peut-être n'osez-vous pas changer de métier de peur d'être incapable de gagner votre vie grâce à une activité qui vous correspondrait mieux ? Chassez ces scénarios catastrophes ! Vous avez plus de chances d'accéder à toute forme de réussite si vous vous préparez ouvertement à la vivre pleinement.

1. Je choisis une chose précise que j'aimerais voir arriver dans ma vie. Par exemple : terminer les travaux de ma maison, vivre une relation de couple harmonieuse, etc.

2. Par petites touches successives, je me représente un maximum de détails qui m'importent à moi, même si d'autres personnes peuvent ne pas y accorder de valeur. Par exemple : cette maison est blanche avec des volets bleus, un banc se trouve près des noisetiers, etc.

3. J'imagine comment savourer la réalisation de ce projet. Par exemple : j'organise une fête, je plante un rosier en chantonnant, etc.

4. Je visualise une sorte de film, qui soit à la fois réaliste et positif, de ce qui me correspondrait bien.

5. Je peux me refaire ce « film » régulièrement afin d'habituer mon cerveau à cette idée et qu'il reçoive l'information que « oui c'est possible ! » Je renouvelle l'expérience jusqu'à ce que cette représentation devienne telle-ment familière que je trouve l'énergie et les ressources nécessaires pour mettre en place concrètement quelque chose qui y ressemble beaucoup.

Commentaire

Pendant que l'esprit est occupé à des idées positives et réconfor-tantes, il n'est pas rattrapé par des scénarios d'échecs. Vous êtes ainsi plus serein pour passer à l'action. Rappelez-vous que ce sont les utopistes qui font avancer le monde ! « Certains regardent la réalité et disent "Pourquoi ?" Moi je regarde l'impossible et je dis : "Pourquoi pas ?" » George Bernard Shaw.

Exercice n.47 • Comment m'autoriser à ... ?

Parmi tous vos blocages, certains sont liés à des interdictions plus ou moins insidieuses et injustifiées, que l'on vous a inculquées et que vous avez faites vôtres. Pourtant, il existe un certain nombre de choses que vous pourriez vous accorder si vous vous en donniez l'autorisation aujourd'hui.

Choisissez une belle feuille de papier qui vous fasse penser à un diplôme et des crayons de couleur. Prévoyez une petite heure pour réaliser votre autorisation sur cette feuille.

1. Je commence par choisir un domaine, un aspect de ma vie dans lequel je me sens limité, freiné. Par exemple : la peinture.

2. Je laisse venir les émotions liées à mes entraves et je les traverse.

3. Je cherche l'autorisation qui me manque dans ce domaine-là. Je la formule et la reformule jusqu'à ce que j'ai trouvé une phrase aussi affirmée que possible. Par exemple : je m'autorise à m'exprimer librement par le biais de la peinture. Je m'autorise à m'aménager un atelier pour donner libre cours à mon imagination.

4. Quand j'ai trouvé ma formulation, je l'écris très lisiblement, avec des couleurs que j'aime, sur ma belle feuille. Je peux ajouter des symboles et des images qui correspondent à mon engagement.

5. Je signe.

6. J'accroche cette autorisation à un endroit où je peux la voir quotidiennement.

Commentaire

S'autoriser quelque chose en conscience, en affirmant ce choix, est une façon de travailler sur sa propre responsabilité. « L'important n'est pas ce qu'on fait de nous, mais ce que nous faisons nous-mêmes de ce qu'on a fait de nous » disait Jean-Paul Sartre. De plus, garder l'autorisation écrite sous les yeux pendant quelque temps aide à créer une nouvelle habitude de pensée.

Exercice n° 48 • Et si j'agissais différemment ?

Une situation bloquée ou insatisfaisante vous indique un déséquilibre. Le manque de recul a tendance à vous enliser dans « un peu plus de la même chose ». Pourtant, il est possible d'envisager la situation autrement.

Choisissez un aspect de votre vie dans lequel vous vous considérez comme « trop... » ou « pas assez... ».

1. Après avoir déterminé cet aspect (par exemple, je suis trop absorbé par mon travail. Je ne suis pas assez disponible pour ma famille), je précise concrètement ce qui me fait dire cela. Par exemple : je travaille dix heures par jour, même le samedi.

2. Ensuite, j'imagine des contraires possibles. En suivant l'exemple ci-dessus, quel serait le contraire de trop travailler ? Selon ma situation actuelle, ça peut être : ne plus travailler, travailler moins ou poser une limite d'horaire à respecter.

3. J'envisage ensuite plusieurs pistes et nuances. Je note celles qui me conviennent. Par exemple : je vais réduire le temps passé au bureau. Je vais déléguer la saisie du courrier. Je vais engager un comptable.

4. Je mets en place les changements les plus pertinents.

Qui dit équilibre, dit complémentarité. Rétablir l'équilibre consiste souvent à développer un travail sur un axe de polarité, deux tendances diamétralement opposées, complémentaires, entre lesquelles il existe des nuances infinies, comme immobilité-mouvement, seul-en groupe, grand-petit, intrépide-frileux, etc.

Cet exercice permet de sortir du cadre restrictif du « déjà connu » et donc d'explorer toute une palette de possibilités. Il facilite l'ouverture à une plus vaste capacité de choix réactualisés « sur mesure ».

Exercice n°49 • Comment harmoniser mes différentes facettes ?

Constamment, tout au long de votre vie, vous êtes en prise avec une multitude de polarités. Le moindre changement revient à bouger un curseur sur au moins un axe de polarité, et l'ensemble de votre équilibre s'en trouve modifié. Si vous cherchez à devenir plus doux, vous pouvez devenir plus discret. Si vous travaillez à devenir plus agressif, vous pouvez devenir plus ferme. Il vous arrive probablement d'être un peu perdu dans toutes ces facettes mobiles et en devenir. Vivez-les le plus possible en conscience afin de gagner en fluidité.

Prenez une grande feuille et des crayons de couleur.

1. Je trace un grand cercle sur ma feuille.

2. Sur un bord de ce cercle, je note un aspect de ma vie sur lequel je travaille en ce moment. Par exemple : ma féminité.

3. Depuis ce point, je trace un diamètre au bout duquel je note un mot que je considère comme « le contraire pour moi » de celui que je viens d'écrire. Dans l'exemple donné, ça peut être : ma masculinité.

4. Sur cet axe et en couleur, je trace une flèche afin d'indiquer dans quelle mesure et dans quel sens j'ai besoin d'avancer. Par exemple : aller un peu plus vers le féminin ou aller beaucoup plus vers le masculin.

5. Ensuite, je choisis une autre facette de ma personnalité. Je note la complémentarité recherchée. Par exemple : mon travail, avec en face mes loisirs.

6. Je trace une autre flèche avec une autre couleur et ainsi de suite.

7. L'ensemble de toutes ces flèches me donne une sorte d'étoile de polarités qui m'aide à avoir une vision d'ensemble de mes tendances d'évolution, de mes préoccupations, de mon alchimie personnelle.

8. Je peux y revenir et la compléter avec du recul.

Commentaire

La Gestalt est une approche qui vise à rétablir l'homéostasie, autrement dit réguler l'équilibre général. Le travail en conscience sur vos propres polarités contribue à maintenir une dynamique essentielle à votre bonne santé psychique, émotionnelle et corporelle.

Exercice n°50 • Comment ne pas subir ce qui m'arrive ?

Dans certaines situations, vous avez peut-être le sentiment de « subir » les choses et de ne pas avoir le choix. Peut-être vous sentez-vous tiraillé entre les « Il faut », qui vous semblent « raisonnables », et les « j'ai envie », qui vous semblent futiles et capricieux. Vous pouvez retrouver beaucoup d'énergie et de créativité, si vous arrivez à démêler d'avantage vos « Il faut » de vos « j'ai envie ».

✐ *Prenez une feuille et un crayon.*

1. Par rapport à une situation ou un choix difficiles, j'écris deux listes que je complète à mon rythme.

• **La liste des « Il faut »** qui me viennent, en lien avec cette situation.

Par exemple, si j'hésite à changer de travail : il faut que je reste dans la filière dans laquelle j'ai de l'expérience. Il faut que je gagne au moins deux mille euros par mois. Il faut que je finisse de payer ma maison.

• **Je fais ensuite une liste des « J'ai envie »** qui se présentent, voire s'opposent dans cette même situation.

Par exemple : j'ai envie de changer de région. J'ai envie d'être plus dehors. J'ai envie de reprendre des études.

2. Je lis ces deux listes à voix haute, lentement, en écoutant ce que je ressens.

3. Qu'est-ce qui sonne juste pour moi ? Par exemple : bouger.

4. Qu'est-ce qui sonne faux ? Par exemple : je n'ai pas forcément besoin d'une aussi grande sécurité matérielle.

5. Qu'est-ce que je peux modifier dans ces deux listes afin d'être davantage en accord avec moi-même ? Par exemple : je ne suis pas obligé de rester dans la même filière que celle où j'ai de l'expérience.

6. Qu'est-ce que j'ai envie de changer ? Par exemple : changer de région et de filière.

7. Qu'est-ce que je peux mettre en place concrètement ? Par exemple : je peux déménager et reprendre des études en parallèle d'un job provisoire.

Commentaire

Cet exercice aide à prendre conscience de certains « il faut » (intro-jects) « avalés tout rond » sans les mâcher ni les goûter, sans véri-fier qu'ils vous conviennent maintenant. Un exercice clé que vous pouvez renouveler régulièrement afin d'être plus au clair avec vos besoins.

Conclusion

J'espère que ces exercices auront contribué à une meilleure connaissance de vous-même, de vos besoins et de votre processus d'équilibrage. Après avoir expérimenté quelques-unes, ou la plupart, des pistes de cet ouvrage, vous êtes sans doute confronté à certaines limites. Il est possible que vous ayez mieux senti et compris où se situent certains de vos inconforts sans pouvoir les traverser complètement, ni les intégrer tous.

Un travail sur soi, de toute façon, nécessite du temps. Un accompagnement « sur mesure » peut également vous permettre d'aller plus loin si vous en éprouvez le besoin. Quels que soient votre âge et les situations que vous traversez, vous pouvez choisir d'aller à la rencontre d'un professionnel reconnu. Celui-ci sera garant d'un cadre sécurisé nécessaire à un travail relationnel dans toute sa complexité.

Les thérapeutes et formateurs gestaltistes sont de plus en plus nombreux à accompagner des personnes individuellement ou en groupe, en abordant des problématiques personnelles ou professionnelles, que ce soit dans le cadre d'un cabinet ou de stages aussi divers et variés que les styles de gestalistes existants.

Si vous avez besoin d'un travail thérapeutique en profondeur, il est important d'avoir recours à un psychothérapeute qui soit capable de garantir un cadre contenant et de se poser comme « tiers », c'est-à-dire une personne extérieure qui sache gérer l'émotionnel de la personne accompagnée, pour lui apporter

un regard constructif et bienveillant sur ses difficultés relationnelles. La formation diplômante, comprenant un véritable
travail sur soi (pendant plusieurs années), des connaissances
théoriques bien assimilées et la pratique supervisée sont des
critères incontournables quant au choix d'un thérapeute aussi
fiable que possible.

Quels que soient les choix que vous ferez, je vous souhaite de
savourer votre véritable liberté, de vivre des relations harmo-
nieuses, dans le respect de la singularité de chacun et de vos
valeurs profondes.

Pour aller plus loin

Pistes bibliographiques

Dans les ouvrages représentatifs suivants, vous trouverez les principales notions de Gestalt, vous découvrirez les différents champs d'application de cette approche, ainsi que son historique.

- Gilles Delisle, *Les pathologies de la personnalité*, Éditions du reflet, Ottawa, 2004.
- Serge et Anne Ginger, *La Gestalt, une thérapie du contact*, Hommes et Groupes Éditeurs, Paris, 1987, 8e édition, 2006.
- Serge Ginger, *La Gestalt : l'art du contact*, Marabout, Paris, 1995, 9e édition, 2007.
- Daniel Grosjean et Jean-Paul Sauzède, *Trouver la force d'oser*, InterÉditions, Paris, 2006.
- Chantal Higy Lang et Charles Gellman, *La Gestalt expliquée à tous*, Eyrolles, Paris, 2007.
- James Kepner, *Le corps retrouvé en psychothérapie*, Éditions Retz, Paris, 1998.
- Laurent Oddoux, *Les cinq dimensions du stress et de l'épuisement professionnel*, InterÉditions, Paris, 2011.
- Brigitte Martel, *Sexualité, amour et Gestalt*, InterÉditions, Paris, 2004.

- Gonzague Masquelier, Chantal Masquelier (dir.), *Le grand livre de la Gestalt*, Eyrolles, Paris, 2012.
- Martine Périou, *Découvrir la Gestalt-thérapie*, InterÉditions, Paris, 2008.
- Fritz Perls, *Le moi, la faim, l'agressivité*, Éditions Tchou, Paris, 1978.
- Noël Salathé, *Psychothérapie existentielle : une perspective gestaltiste*, Éditions Amers, Genève, 1991, 2e édition, 1995.
- Pierre Van Damme, *Espace et groupes thérapeutiques d'enfants*, Éditions Hommes et perspectives, Épi, Paris, 1994.
- Joseph Zinker, *La Gestalt-Thérapie, Un processus créatif*, Dunod, Paris, 2006.

Vous pouvez aussi trouver des dossiers spécifiques dans les revues de Gestalt suivantes :

- *Cahiers de Gestalt-thérapie*, publiés par l'Exprimerie éditeur, informations sur www.exprimerie.fr
- *Revue Gestalt*, de la Société française de Gestalt, consultable sur www.cairn.info
- *Revue québécoise de Gestalt*, de l'Association québécoise de Gestalt, informations sur www.gestaltqc.ca

Adresses d'instituts de Gestalt

En France

- École parisienne de Gestalt (EPG)
27 rue Froidevaux - 75014 Paris
Tél. : 01 43 22 40 41
www.gestalt.asso.fr

- Champ-G
7 rue Jules Dérégnaucourt - 59100 Roubaix
Tél. : 03 20 28 17 50
www.champg.com

- Institut français de Gestalt Thérapie (IFGT)
Route du Chemin-court - 33240 Saint-Romain-la-Virvée
Tél. : 05 57 58 29 70
www.gestalt-ifgt.com

- Gestalt thérapie recherche formation (GREFOR)
Rue de New York - 38000 Grenoble
Tél. : 04 76 08 06 11
http://gestalt-grefor.com

- Gestalt +
9 place du Général-Koenig - 35000 Rennes
Tél. : 09 52 27 50 93
http://www.gestalt-plus.fr

En Europe

- Institut belge de Gestalt (IBG)
Avenue de Tervuren 186 - 1150 Bruxelles - Belgique
http://www.gestalt.be

- Association européenne de Gestalt-Thérapie (EAGT)
c/o Marga Berends - Noorderdiep 304 - 9521 BL Nieuw-Buinen
– Pays-Bas
www.eagt.org

États-Unis

- Esalen Institute
55000 Highway One, Big Sur, Californie 93920
www.esalen.org
- Gestalt Institute of San Francisco
333 Miller Ave, Suite 3, Mill Valley, Californie 94941
www.gestaltinstitute.com

.

Lightning Source UK Ltd.
Milton Keynes UK
UKHW021135310122
397974UK00011B/607

9 782212 556001